I0076195

PRESUPUESTO SISTÉMICO

Diseño de tapa:
DCM DESIGN

ENRIQUE HERRSCHER

PRESUPUESTO SISTÉMICO

Clave para la supervivencia
de emprendimientos y PyMEs

GRANICA

BUENOS AIRES - BARCELONA - MÉXICO - SANTIAGO - MONTEVIDEO

© 2013 *by* Ediciones Granica S.A.

ARGENTINA
Ediciones Granica S.A.
Lavalle 1634 3º G / C1048AAN Buenos Aires, Argentina
Tel.: +54 (11) 4374-1456 Fax: +54 (11) 4373-0669
granica.ar@granicaeditor.com
atencionaempresas@granicaeditor.com

MÉXICO
Ediciones Granica México S.A. de C.V.
Valle de Bravo Nº 21 El Mirador Naucalpan - Edo. de Méx.
53050 Estado de México - México
Tel.: +52 (55) 5360-1010 Fax: +52 (55) 5360-1100
granica.mx@granicaeditor.com

URUGUAY
Ediciones Granica S.A.
Scoseria 2639 Bis
11300 Montevideo, Uruguay
Tel.: +59 (82) 712 4857 / +59 (82) 712 4858
granica.uy@granicaeditor.com

CHILE
granica.cl@granicaeditor.com
Tel.: +56 2 8107455

ESPAÑA
granica.es@granicaeditor.com
Tel.: +34 (93) 635 4120

www.granicaeditor.com

Reservados todos los derechos, incluso el de reproducción
en todo o en parte, en cualquier forma

GRANICA es una marca registrada

ISBN 978-950-641-756-7

Hecho el depósito que marca la ley 11.723

Impreso en Argentina. *Printed in Argentina*

Herrscher, Enrique G.
    Presupuesto sistémico : clave para la supervivencia de emprendimientos
y PyMEs . - 1a ed. - Buenos Aires : Granica, 2013.
    148 p. ; 22x15 cm.

    ISBN 978-950-641-756-7

    1. Administración de Empresas. 2. Presupuestos.
CDD 658

ÍNDICE

PREFACIO

Este libro se basa en los siguientes pilares: (a) "Dos de cada diez argentinos adultos son dueños de algún emprendimiento" y (b) "En la ciudad de Buenos Aires, por ejemplo, el 40% de las empresas creadas entre 2003 y 2009 no sobrevivieron"[1]. Y en otro informe se señala: "Nueve de cada diez estrategias aprobadas por la dirección de una organización nunca llegan a implementarse operativamente"[2], es decir, la oportunidad de aprovechar una idea y el peligro de no poder llevarla a la práctica. O sea: ¡este es el desafío! y para enfrentarlo postulamos como herramienta esencial el *presupuesto*[3], usado habitualmente en empresas grandes, pero menos utilizado por emprendedores y PyMEs[4], que son –sobre todo cuando crecen– las que más lo necesitan.

---

1. Samela, Gabriela: "Más emprendedores que nunca". En *iEco*, suplemento del diario *Clarín*, Buenos Aires, 12 de febrero de 2012, págs. 1, 8 y 9. A nivel nacional, otros estudios llegan a una mortadad del 80%.
2. En revista *Fortune*, citada por Ferrari, María Cristina en *Gestión de calidad en organizaciones de salud* (EDICON, Buenos Aires, 2012), pág. 255.
3. No proponemos que sea la única condición ni la "garantía de éxito", pero sí que su ausencia sea, casi, "garantía de fracaso".
4. Utilizaremos la expresión PyMEs para referirnos a las pequeñas y medianas empresas, sin distinción entre unas y otras ni entrar en definiciones en cuanto a escala de tamaño. Para más detalles véase Cleri, Carlos: *El libro de las PyMEs* (Ediciones Granica, Buenos Aires, 2007), a nuestro juicio el mejor libro sobre el tema. En forma más condensada, pero lleno de ideas prácticas, véase Fucaracce, Jorge Raúl: *Conociendo a las PyMEs* (La Colmena, Buenos Aires, 2003). Véanse también las investigaciones de la Universidad Nacional de General Sarmiento, por ejemplo, Formento, Héctor; Braidot, Néstor; Pittaluga, Jorge: *El proceso de mejora continua en PyMEs argentinas* (Instituto de Industria, UNGS, Prov. de Buenos Aires, 2007).

No nos referimos a "cualquier" presupuesto. Ciertamente, no se trata de una simple planilla Excel con números extrapolados del pasado[5] ni de un conjunto de premisas rígidas no conversadas con nadie, sino de un plan operativo que implementa en forma sistémica –basado en la interacción entre las partes[6]– las estrategias nuevas, integrándolas con los negocios en marcha. En esto se diferencian el emprendedor[7] y el empresario PyME[8]. Para el primero, el presupuesto, más el previo análisis estratégico, se convierte en un plan de negocios, típico de todo inicio de actividad. Para el segundo, postulamos una distinción entre el plan estratégico (que traza los grandes cambios, ¡hoy en día permanentes!) y el presupuesto (que facilita ¡su implementación!)[9].

---

5. En años de docencia hemos rechazado muchas planillas Excel presentadas por los alumnos como si fueran "el" presupuesto. Confiamos que este libro permita reconocer la diferencia.

6. Hay innumerables definiciones de *sistemas*. Elegimos una sintética caracterización (más que definición) de nuestro mayor maestro, Russell L. Ackoff: "Un sistema es más que la suma de sus partes: es un todo indivisible. Pierde sus propiedades esenciales cuando se lo desarma. Los elementos de un sistema pueden a su vez ser sistemas, y todo sistema puede ser parte de un sistema más grande" (traducción nuestra). Para más detalles, véanse *Creating the Corporate Future* (Wiley & Sons, New York, 1981), *Planificación de la empresa del futuro* (Limusa, México, 1983), así como *Re`creación de las corporaciones* (Oxford, México, 2000); y demás obras y artículos de este padre de la aplicación de la sistémica al mundo de las organizaciones. Véanse, además, las decenas de publicaciones del GESI, Grupo de Estudio de Sistemas Integrados, fundado por Carlos François, que desde hace más de treinta años desarrolla investigaciones en materia de sistemas y cibernética. En el presente libro, la sistémica es solamente un tema de aplicación, pero la hemos tratado a fondo en *Pensamiento sistémico. Caminar el cambio o cambiar el camino* (Ediciones Granica, Buenos Aires, 2008).

7. Véase nota 10.

8. Esta distinción es esquemática. En muchos casos se combinan características de emprendedor y pequeño empresario, en especial al evolucionar de una etapa a otra.

9. Véase Herrscher, E. G.: *Planeamiento sistémico. Un enfoque estratégico en la turbulencia* (Ediciones Granica, Buenos Aires, 2008), que enfatiza la importancia de distinguir la "lógica de lo estratégico" y la "lógica de lo operativo", por pequeña que sea la empresa en marcha.

En el caso de las PyMEs, común destino de gran parte de los emprendimientos, si todo va bien, el desafío se basa en cuatro características que les son propias: (a) la PyME es fundamental como sustrato socioeconómico de la sociedad; (b) la mayoría de ellas tienen serias limitaciones en cuanto a recursos; (c) con la actual tendencia a la concentración, la PyME está en peligro; (d) para sobrevivir, necesita imprescindiblemente un presupuesto actualizado, acorde con los mencionados principios sistémicos y criterios modernos. Esto último es particularmente significativo para facilitar la transición de emprendimiento a PyME.

A la vez, entendemos el "emprendimiento" (y le dedicamos especialmente este libro) en sus dos acepciones, muy cercanas entre sí: por una parte, como todo inicio en el mundo de los negocios, vale decir, un futuro candidato a PyME pero aún sin la mínima formalización de esta; y por otra parte, siguiendo a Peter F. Drucker, como un tipo especial de emprendimiento con cualidades particulares: "Admitamos que todos los nuevos pequeños negocios tienen muchos factores en común. Pero para ser considerados emprendedores deben tener especiales características, más allá de ser nuevos y pequeños. En rigor, los emprendimientos son minoría entre los nuevos negocios. Crean algo nuevo, algo diferente, cambian o transforman valores"[10] (traducción nuestra). Y lo ratifican, aplicándole el término específico *entrepreneur* del original de Drucker, nuestros colegas Jorge Hermida, Roberto Serra y Eduardo Kastika cuando dicen: "El *entrepreneur* es el empresario emprendedor que inicia un negocio con una alta dosis de visión y de acción"[11].

---

10. En *Innovation and Entrepreneurship* (Harper & Row, New York, 1985), pág. 22.
11. En *Administración y Estrategia* (Macchi, Buenos Aires, 1992), pág. 443.

La presente publicación tiene, como es habitual[12], una clara orientación a los aspectos prácticos. Los conceptos expuestos surgen mayormente de la experiencia del autor como director de planeamiento en empresas, desde muy pequeñas hasta muy grandes, y luego como asesor externo en esa área. Por lo tanto, se eludirán los aspectos abstractos de la teoría de la prospectiva o del planeamiento[13], de la organización o de la comunicación y la respectiva bibliografía, sin desmedro de tomar en cuenta sus efectos prácticos. Tampoco se ahondará –salvo por su estrecha vinculación con el tema y con el correspondiente proceso de transición– en la etapa anterior a la gestión presupuestaria: la del planeamiento estratégico. Para ello hemos escrito un libro específico que utilizamos en la cátedra y que debería leerse en combinación con este (véase nota 9).

Mucho menos se trata de un "libro contable". Casi diríamos "todo lo contrario" (véase la Conclusión de la obra). Es un libro netamente de administración, orientado a la dirección superior y la gerencia media, y dentro de ella enfocado al planeamiento y concretamente al subsistema planeamiento operativo. Y como tal, será de particular interés para profesionales y estudiantes de las diversas ramas de la ingeniería y será de utilidad para las personas responsables de proyectos de distinta índole, así como para los estudiantes y graduados de toda la gama de maestrías y especializa-

12. Es nuestro séptimo libro dedicado al desarrollo de la conducción y administración de organizaciones de todo tipo –pero especialmente a las pequeñas y medianas empresas– utilizando principios sistémicos. Véanse, en especial, *Introducción a la administración de empresas. Guía para exploradores de la complejidad organizacional* (2000), *El círculo virtuoso: Cambiar - Planificar - Aprender - Cambiar* (2007) y *El valor sistémico de las organizaciones. Variables, procesos y estructuras* (2010), todos editados por Granica, Buenos Aires.
13. En nuestra interpretación, identificamos la prospectiva con el "qué puede pasar" de los estudios geopolíticos y militares, y el planeamiento con el "qué queremos que pase" del mundo del desarrollo social y de los negocios. Somos conscientes de que no todos estarán de acuerdo. Véase nuevamente nota 9.

ciones, sobre todo en ciencias económicas. Tenemos, desde siempre, la obsesión por brindar una lectura atractiva, sin tecnicismos, fácilmente accesible para los emprendedores y empresarios jóvenes.

Al entrar en el tema de los agradecimientos, deseo referirme en especial a los dos prologuistas. Es de destacar, como aspecto original, que uno de ellos desarrolla una postura muy similar, mientras que el otro defiende una visión en apariencia diferente. Por un lado, José Luis Roces, destacado dirigente universitario y exvirrector del ITBA (Instituto Tecnológico de Buenos Aires, por consenso general la mejor escuela de Ingeniería del país); y por el otro, Claus Kühlke, eminente empresario y uno de los socios de la firma Akapol S.A., fabricante de populares productos, entre ellos Poxipol. Cabe aquí una mención a la particular circunstancia de incluir en uno de los prólogos una postura aparentemente opuesta a la tesis de este libro. En realidad, estimo que no es así, ya que la modernización de una herramienta puede darse a través de un proceso de evolución y cambio (es nuestro caso) o bajo un movimiento de ruptura y nuevo rótulo (es el ejemplo del segundo prologuista). En ambos casos: ¡bienvenido el aire fresco!

Más allá del aporte de estos apreciados colegas, tengo mucho por agradecer. Principalmente a mi esposa, que me brindó el mayor apoyo imaginable. En segundo lugar, a Ediciones Granica por su continuada confianza. También le doy mi agradecimiento a Guillermo Fernández Lamas, quien me ayudó con la digitalización de los gráficos. Asimismo, tengo una deuda de gratitud con innumerables alumnos, de la carrera de Administración de la Facultad de Ciencias Económicas (UBA) y de los diversos cursos de Maestría en Gestión Empresaria en cinco de las mejores universidades nacionales del interior (de la Patagonia, de La Pampa, del Comahue, de Luján y del Centro de la provincia de Buenos Aires), por sus preguntas y comentarios que me hicieron pensar y aprender. Finalmente, y más que nada, mi agradecimiento a los colegas, empresarios y emprendedores que durante años me transmitieron experiencias, enseñanzas y anécdotas, muchas de las cuales aparecerán en forma de notas y comentarios a lo largo de estas páginas.

Enrique G. Herrscher
enriqueherrscher@fibertel.com.ar
www.capsist.com
Abril de 2013

PRÓLOGO I

Con una óptica similar

Por José Luis Roces[1]

Después de haber trabajado de directivo en instituciones empresarias y educativas por más de cuarenta años, reconozco que en la gestión hay un antes y después cuando se aplica el presupuesto como práctica administrativa. En el presente, no podría imaginarme gestionar sin esta herramienta, ya que es la expresión de la viabilidad de los compromisos de una gestión. Aunque suele decirse que "en el papel todo es posible", los criterios de un diseño presupuestario son la prueba "ácida" de cualquier grupo directivo, y saber hacer, entender y gestionar un presupuesto se ha convertido en una capacidad esencial para quien pretenda ser un administrador efectivo. Por ello, la importancia de su elaboración y el efecto de su control son atributos diferenciales en cualquier organización. Constituye, según mi interpretación, luego de más de ciento treinta años de evolución de las técnicas directivas, el criterio distintivo de una empresa, que se encuentra en "jardín de infantes", cuando no lo tiene, o ingresa al ciclo educativo formal, cuando lo domina.

No es posible hablar de administración en forma responsable sin la existencia de un proceso presupuestario. De la

---

1. Exvicerrector del ITBA (Instituto Tecnológico de Buenos Aires). Consultor académico. Vicepresidente de GESI (Grupo de Estudio de Sistemas Integrados).

relevancia que una institución le atribuya al presupuesto como práctica de planeamiento, coordinación y control, rápidamente se podrá inferir el grado de consistencia y credibilidad de su gestión. Esto, que para muchos de nosotros es el resultado de un aprendizaje, tiene un efecto decisivo en la "perdurabilidad" de las PyMEs y en la "sobrevivencia" de un emprendimiento en sus primeros años de vida. Tal evidencia es la que sirve de marco a la obra de Enrique Herrscher.

El autor tiene reconocidos antecedentes profesionales y académicos para proponer un libro atractivo para los lectores, que desarrolle todos los temas pertinentes. En principio, al establecer las distinciones e incluir el presupuesto como parte del subsistema de planeamiento operativo, integrante del sistema de planeamiento de la empresa. Asimismo, su trayectoria de directivo le permite explicar el alcance y las características que debe reunir un presupuesto para "interrelacionarse" con los distintos instrumentos de gestión, económicos y financieros, de una institución. En otro plano, el libro define las funciones del presupuesto y también provee enseñanzas prácticas de "modelos presupuestarios" para una dimensión PyME, habitualmente olvidada o simplificada en la bibliografía de management. En efecto, la diferencia entre una gran empresa y una pequeña o mediana no se resuelve con enfoques "reduccionistas", sino, por el contrario, requiere un diseño presupuestario distinto. Enrique Herrscher lo pone de manifiesto en esta obra y con sentido práctico incluye distintos tipos de presupuestos con fines específicos: para la inversión en bienes de capital o la negociación de un proyecto.

Además de los aspectos mencionados, la principal contribución de esta obra es la posibilidad de generar hábitos directivos que permitan usar el presupuesto como una forma de evidenciar la responsabilidad (*accountability*) de las decisiones, porque muchas de nuestras instituciones, públicas y privadas, están enfermas de "voluntarismo" y demuestran poca práctica en asociar los méritos de la gestión al cumplimiento de los objetivos y metas propuestos.

Vivimos en una época de complejidad e incertidumbre, por eso algunos suponen que es imposible desarrollar técnicas de planeamiento, como el presupuesto, y esconden en la improvisación las verdaderas competencias directivas. Sin embargo, coincido con Enrique Herrscher en que es en el presente cuando más necesitamos conocer y aplicar las técnicas de presupuesto para esclarecer el rumbo, corregir un derrotero y verificar si hemos llegado al puerto deseado.

Séneca decía: "Para aquel que no sabe adónde va, jamás soplarán vientos favorables". Gracias, Enrique, por tu contribución, al recordarnos la importancia y la practicidad de un presupuesto como base de la gestión directiva.

PRÓLOGO II

Con una óptica diferente

Por Claus Kühlke*

Conozco, respeto y aprecio a Enrique Herrscher desde hace muchos años. Nuestro vínculo no se originó en el ambiente académico, en donde él se ha desempeñado con tanto éxito, sino a través de su actividad de consultor, que ha ejercido en empresas grandes, medianas y pequeñas. Y es precisamente en el ámbito de las PyMEs donde he podido acumular experiencia y práctica en los últimos cincuenta años de trabajo. Por otra parte, he llegado a conocer y apreciar al autor por medio de muchos de sus libros, en los cuales siempre ha tratado de divulgar el árido y aburrido concepto de *razonamiento sistémico*, aplicado a la Administración Empresaria, utilizando métodos didácticos, claros y amigables.

Cuando Enrique Herrscher me propuso escribir un segundo prólogo para un libro sobre presupuestación, si bien me sentí muy halagado, al mismo tiempo me vi en la obligación de decirle que no me consideraba idóneo, dado que me cuento entre los adeptos, casi fanáticos, de la filosofía del *beyond budgeting* ("más allá de la presupuestación"), que fuera propuesta hace alrededor de veinte años por una

---

* Socio de Akapol S.A., fabricante de Poxipol.

institución sin fines de lucro, con asiento en la ciudad de Londres, llamada *Beyond Budgeting Round Table*. A pesar de su denominación confusa, esta filosofía de ninguna manera cuestiona la necesidad de la planificación dentro de una empresa, sino que simplemente objeta ciertos hábitos de liderazgo empresario implicados en el tradicional "ritual anual de la presupuestación", al cual considera superfluo, contraproducente y hasta peligroso, en un entorno económico rápidamente cambiante como el actual.

Pese a manifestarle abiertamente a Enrique Herrscher las razones de mi negación para prologar su nueva obra, él insistió en el deseo de contar con un punto de vista contrario, que enfoca el tema de la presupuestación de una forma precisamente opuesta. Asumo, entonces, que deberé desempeñar el rol de "abogado del diablo", e intentaré que el "diablo" no se desilusione demasiado con mi desempeño.

He leído con atención y sumo interés el manuscrito y, al igual que en sus anteriores libros, he observado que el autor pone en evidencia, con mucha nitidez y mucha sinceridad, una gran cantidad de problemas que se desprenden de los métodos presupuestarios vigentes (los cuales no han variado demasiado desde 1920, cuando comenzó a difundirse la presupuestación sistemática en las actividades de las empresas). Así, entiendo que la nueva obra de Enrique Herrscher podría calificarse como un aporte verdaderamente claro y valioso a la actual corriente del *better budgeting*, la cual intenta eliminar de la mejor manera posible las evidentes falencias de los métodos presupuestarios tradicionales. Sin embargo, al mismo tiempo, esta corriente de pensamiento considera que no se puede prescindir de la necesidad del antiguo ritual de la presupuestación anual, adaptándolo al período fiscal cada año.

Naturalmente, es obvio que la planificación del período fiscal anual resulta imprescindible para efectuar una adecuada proyección de las obligaciones impositivas (*tax-planning*); además, es fundamental para poder estimar el resultado neto de dicho período y la posibilidad de emitir dividendos para los accionistas. Si bien la filosofía del *beyond budgeting* acepta, por supuesto, estas necesidades, a la vez sostiene que en el *control interno de la gestión* debería reemplazarse el tradicional ritual de la presupuestación anual por una metodología de pronósticos móviles periódicos, que permita una adaptación rápida y ágil de la gestión empresaria a las mutaciones que se producen en el mercado con una frecuencia cada vez mayor.

La esencia de este pensamiento ha sido resumida en los "doce principios del *beyond budgeting*". La enumeración y explicación de cada uno de ellos excede absolutamente el marco de un prólogo; no obstante, aquellos lectores interesados podrán consultarlos en Internet, en la página www.bbrt.org., donde también es posible encontrar *white papers* pertinentes.

En cuanto a los desafíos que implica poner en práctica dicha filosofía, es sumamente ilustrativo el libro *Implementing Beyond Budgeting*, de Bjarte Bogsnes, un defensor convencido, quien describe de manera comprensible, pero al mismo tiempo descarnada y sinceramente, los enormes obstáculos que ha debido superar para poder avanzar hacia la implementación del *beyond budgeting* en la empresa noruega StatoilHydro, que factura más de cien mil millones de dólares al año.

Creo que no cabe ninguna duda: conceptualmente, los doce principios del *beyond budgeting* son una excelente propuesta para preparar una empresa y volverla exitosa y competitiva en el futuro; aunque a la vez estoy convencido de que es absolutamente desaconsejable introducir dichos principios en una empresa que carece de las condiciones básicas para posibilitar una aplicación exitosa. Estos requisitos pueden sintetizarse en los siguientes puntos:

1. Quizás una de las condiciones más importantes para poder implementar la filosofía del *beyond budgeting* en una determinada empresa sea la existencia de una adecuada *cultura empresaria basada en sólidos principios compartidos*. Un ilustrativo ejemplo de ella es el que propone Stephen R. Covey en su difundido libro *Los 7 hábitos de la gente altamente efectiva,* y en sus demás publicaciones. Debe recordarse que los preceptos de comportamiento propuestos por este autor chocan, en general, con la mayoría de los hábitos del comportamiento humano recurrentes en el grueso de las personas. No obstante, sin la adopción previa de nuevos hábitos, la práctica de esta filosofía no tiene ninguna posibilidad de éxito.

2. Asimismo, creo imprescindible que la empresa esté permanentemente orientada a cumplir con todos los preceptos del comportamiento empresario que exige el Premio Nacional de la Calidad, otorgado por la fundación homónima. Sin embargo, estoy convencido de que las empresas nunca deberían fijarse como objetivo la obtención de este galardón, sino que deberían aspirar a cumplir, en el duro trajín del "día a día" y en forma silenciosa pero permanente, con todos los preceptos establecidos para el otorgamiento de mencionado premio.

3. Por otra parte, para asegurar una exitosa implantación de la filosofía del *beyond budgeting,* la empresa debería adoptar con anterioridad el criterio de las "Tres columnas para el crecimiento" propuesto por S. Ross, P. Weill y D. Robertson en el interesante libro *Enterprise as a Strategy,* donde los autores proponen que la tecnología informática sea, simplemente, la consecuencia (nunca la condición previa) de una clara arquitectura empresaria y de adecuadas especificaciones de manejo de los procesos operativos.

4. Por último, considero imprescindible que previamente exista un confiable y transparente *sistema de información integral*, de fácil acceso y comprensión para todos los colaboradores y colaboradoras de la empresa.

No obstante, comprendo que aun en aquellos casos donde estas condiciones previas se cumplan, la práctica de los doce principios del *beyond budgeting* será siempre un proceso con muchos obstáculos en el camino, que solo podrán superarse si existe una absoluta convicción entre los dueños del capital social y los máximos responsables ejecutivos. Es una condición decisiva para asegurar la supervivencia de las empresas en el mediano y largo plazo. Por supuesto, uno de los impedimentos más grandes y desafiantes no es, en realidad, la muy difundida "resistencia al cambio", sino el natural "miedo al cambio", porque obviamente genera resistencias.

Con esto doy por terminado mi alegato como "abogado del diablo". Ignoro si el autor quedará satisfecho, pero este prólogo refleja mi sincero punto de vista basado en propias vivencias acerca de la factibilidad de implantar la filosofía del *beyond budgeting* en una empresa. Deseo remarcar que soy un adepto absolutamente fiel a este pensamiento, pero me atrevo a vaticinar que la gran mayoría de las empresas seguirán con su tradicional ritual del presupuesto anual fijo, aunque ello ponga en serio riesgo sus posibilidades de supervivencia en el mediano y largo plazo.

Para finalizar, creo que los libros que proponen el *better budgeting* (sin duda este libro es un destacado exponente) son de mucha utilidad, y con seguridad atraerán en el futuro a una buena cantidad de nuevos adeptos, ya que habitualmente no exige cambios en la cultura empresaria ni en los hábitos de liderazgo como sí lo hace el *beyond budgeting*.

CAPÍTULO 1

LA ESTRATEGIA DE LA ESTRATEGIA

¡Hey! Se olvidaron de poner el manual del usuario.

Dicen Luis M. Ghiglione, Raúl Di Lorenzo y Félix Mayansky: "El concepto de 'presupuesto' (…) involucra a la vez un **plan de acción** que debe llevarse a cabo en el futuro y asimismo un **flujo de ingresos y egresos** derivados de ese plan de acción en conjunción con el mercado o ambiente en el que se desarrolla la actividad empresaria"[1].

¿Será el presupuesto el **"manual de uso" del plan estratégico**? Algo de esto hay, porque cada año debemos definir de qué manera, de qué forma, en qué cuantía, en qué momento y a cargo de qué persona o sector convendrá llevar a la práctica

---

1. En *Planeamiento y control de gestión* (Macchi, Buenos Aires, 2004), pág. 36.

las estrategias que hemos ideado con anterioridad, además de organizar las operaciones en marcha. Sin embargo, preferimos hablar de **la estrategia para la aplicación de las** *estrategias*, pese a que resulte una formulación más confusa, pues parecería haberlas de dos tipos: una *stricto sensu,* que para distinguirla podemos expresar en bastardillas, en singular o plural[2], la cual alude a los planes de cambio en las organizaciones, a la definición o redefinición del negocio, y en general al **qué** hacer; y otra, *lato sensu,* que para diferenciarla expresamos en minúscula, mayormente en singular por ser genérica. En este caso, refiere a lo instrumental, al modo de lograr los objetivos en las organizaciones (a la manera de la "estrategia en los juegos competitivos"), y en general al **cómo** hacer. Esta última es la que aquí identificamos con el presupuesto.

Viene a cuento una anécdota de mis clases de Maestría[3]. Un alumno dijo: "Me extraña, profe. Todo el curso –y todo el libro[4]– distinguiendo claramente entre lo estratégico y lo operativo, y ahora resulta que está todo entreverado". Me encantó la crítica, como siempre que un alumno pone en duda lo que escucha o lee. El "poner en duda" es la base de la ciencia y el comienzo del verdadero aprendizaje. Sucede que una cosa es separar –por más que constituyan una unidad– lo estratégico y lo operativo, ya que son dos lógicas y dos ejercicios distintos, y otra es visualizar lo operativo –el presupuesto– como **puesta en acción** de lo estratégico, entre límites de tiempo.

¡Cuántas *estrategias* inteligentes fracasaron por querer llevarlas a cabo del modo equivocado, en el momento equivo-

---

2. Más adelante veremos que en las empresas grandes comúnmente son varias, mientras que en la mayoría de las PyMEs es una sola, ya que "no les da el cuero" para encarar más de una por vez.

3. En el módulo Planificación Estratégica que dicto en la Maestría en Gestión Empresaria, en diversas universidades nacionales. Véase el Prefacio.

4. El texto básico de la materia es nuestro ya citado *Planeamiento sistémico. Un enfoque estratégico en la turbulencia* (Ediciones Granica, Buenos Aires, 2008).

cado o con las personas equivocadas! Evitar este desajuste es, verdaderamente, **el "motor" que da origen a este libro**. Para ejemplificarlo, nada mejor que mencionar una noticia publicada en el momento de escribir estas líneas: el pedido de protección de la Ley de Quiebras de los Estados Unidos por parte de Kodak, el centenario gigante de la fotografía. Dice Federico Ast en un artículo publicado en el suplemento *iEco* del diario *Clarín,* el 22 de enero de 2012: "Hasta la década del '90, Kodak invirtió más de cinco mil millones de dólares en el desarrollo de nuevas tecnologías y lanzó al mercado más de cincuenta productos vinculados con la captura y conversión de imágenes digitales. En este sentido, la reacción de Kodak fue diferente a la de muchas empresas líderes enfrentadas a un cambio tecnológico disruptivo que amenazaba sus ventajas competitivas. Kodak no intentó sabotear el cambio. Desde los primeros tiempos, los directivos tuvieron la visión de reinventar el negocio para posicionarla como líder en el nuevo paradigma de la industria". Para encontrar la clave del misterio, el autor cita la investigación "Disruptive Technologies: How Kodak missed the digital photography revolution" ("Tecnologías disruptivas: cómo Kodak perdió el tren de la revolución de la fotografía digital") de Henry Lucas y Jie Goh, publicada en el *Journal of Strategic Information Systems.* Dicho estudio, dice Ast, "sugiere que el problema no estuvo en la estrategia. La falla estuvo en la ejecución, y más específicamente en la incapacidad de la empresa para gestionar el cambio".

Se desprende del ejemplo la diferencia entre "querer hacer algo" (la *estrategia*) y "lograr que se haga" (la supervisión y la fuerza operativa), lo cual se manifestará, como postularemos aquí, en la gestión presupuestaria y su control. También surge de un modo bien rotundo (aunque no se pueda generalizar) la diferencia de nivel: quienes "querían hacer" e invirtieron millones en ello eran los directivos, representantes de los dueños, los altos mandos del nivel estratégico, que no le tenían miedo al gran cambio; y quienes "debían hacerlo" eran los mandos medios, del nivel operativo, atados al "negocio de los rollos" y opuestos a un cambio que volvería obsoletos sus conocimientos y experiencias.

Sostenemos que **mientras las estrategias, por buenas que sean, no se plasmen en acciones concretas y cotidianas, guiadas –aun en forma imperfecta– por el presupuesto de cada año, quedarán en letra muerta.** También lo explica sintéticamente Roberto Monti cuando señala como primer ítem en la lista de típicos errores: "**No relacionar los objetivos con el presupuesto oficial.** La lógica consecuencia es terminar con una serie de objetivos que no son relevantes para los resultados deseados"[5].

Agregamos otra "clave" de este libro, una cuestión que –en forma simplista– podríamos plantear con el siguiente interrogante: ¿de quién "es" el presupuesto? Años atrás se suponía que pertenecía fundamentalmente al área contable, y así estaba diseñado en los planes de estudio de las universidades. Pero hoy en día, con la visión integradora de las áreas de una organización y la notable expansión de las funciones de los contadores, la pregunta ha perdido sentido. Sin embargo, subsiste en muchos ámbitos la consideración errónea de que el presupuesto es "un documento contable". Sin entrar en modo alguno en discusiones sobre incumbencias, **el propósito de este libro es reubicarlo, netamente, como instrumento de la administración de organizaciones.**

Una última y principal clave de este libro se refiere a los *emprendimientos* que surgen por doquier y a las pequeñas y medianas empresas, las PyMEs, que constituyen la gran mayoría de las organizaciones en nuestro país. No tanto las que se muestran "estables", las que no piensan ni necesitan cambiar, aquellas que mantendrán a grandes rasgos su tamaño y nivel de complejidad, pero que enfrentan los riesgos de supervi-

---

5. En *Management in times of continuous change* (Fundación YPF, Buenos Aires, 1998), pág. 67. La traducción es nuestra.

vencia mencionados en el Prefacio, sino, más que nada, las PyMEs que son "dinámicas", las que saben y desean aprovechar su mayor flexibilidad para el cambio y están dispuestas (y ansiosas) por escalar posiciones: de emprendimiento personal a microempresa, de micro a pequeña empresa y de allí a mediana, afrontando crecientes niveles de complejidad[6]. A estas PyMEs les llega un momento crucial, porque al cambiar de tamaño enfrentan un nuevo grado de complejidad y ya no pueden encarar la gestión del modo "amateur" de los socios fundadores[7], necesitando entonces una ayuda profesional para dirigir el día a día.

Para asegurar que la transición se realice con buena sintonía, postulamos que es ideal el presupuesto, en tanto herramienta de conexión entre los dueños –ahora alejados de la gestión diaria– y un gerente general con su equipo. En algunos casos la comunicación se resuelve con un sinfín de memorandos, pero **qué mejor que un presupuesto –posiblemente antes no se necesitaba– para compatibilizar las metas de unos con los planes concretos de otros**[8] en PyMEs que alcanzan "la mayoría de edad"[9].

---

6. La mayor complejidad en ocasión de estos "saltos de tamaño" constituye una de las principales conclusiones de una investigación multiuniversitaria sobre la complejidad de las PyMEs (UBA, Universidad Nacional de la Patagonia y Universidad Nacional de Córdoba) dirigida por el autor.

7. Nuestro recordado maestro William Leslie Chapman la llamaba "dirección por casualidad": la casualidad de que tras la intuición creadora de los fundadores, sus hijos, sobrinos, etc., tuvieran talento administrativo.

8. El tema de la delegación al aumentar la complejidad nos recuerda a la empresa Zucamor, uno de los "casos de Harvard" en el que intervinieron profesores de IDEA cuando este autor era decano de su Escuela de Negocios. Los tres fundadores de esa prestigiosa fábrica de cartón, en la medida en que la gestión se tornó excesivamente compleja, convocaron a un gerente general profesional y se pusieron "a sus órdenes" cada uno desde su especialidad pese a ser los dueños. Años después, cuando ya "habían aprendido", retomaron el mando.

9. Es intencional la omisión de toda definición cuantitativa que separe la "micro", la "pequeña" y la "mediana" empresa, pues estimamos que ello depende absolutamente del ramo, la forma de trabajar y las características del negocio de cada entidad.

Surge, por ende, el triple desafío de este libro: abordar el presupuesto como **(a) facilitador de la implementación de las estrategias; (b) instrumento clave de la administración; y (c) acompañante indispensable del desarrollo y crecimiento de los emprendimientos y las PyMEs.**

CAPÍTULO 2

LAS FUNCIONES CENTRALES
DEL PRESUPUESTO

Elaboración: E. G. Herrscher

Figura 1

© GRANICA

Para comenzar, señalaremos cinco funciones esenciales del presupuesto, sin desmedro de las restantes ventajas que se irán describiendo en los siguientes capítulos. En primer lugar, se trata de reconocer una característica que para muchos lectores parecerá sorprendente: ¡las estrategias no se implementan en el nivel estratégico![1] Para hacerlas realidad, hay que "bajar" al nivel operativo, concretamente al plan anual que llamamos presupuesto.

Una cuestión es plantear cambios estratégicos, tales como la incorporación de nuevos productos, mercados o tecnologías, y otra es **diseñar las acciones específicas para llevarlas a cabo** dentro del plan operativo para un determinado año, o sea, en el presupuesto[2]. Si pensamos en la increíble cantidad de buenas ideas que fracasan en su implementación, comprenderemos la importancia de este punto.

En segundo lugar, imaginemos un emprendimiento o una PyME siempre escasa de fondos[3] pero con múltiples buenas ideas para implementar. Supongamos –en términos matemáticos– que el "stock" de ideas es superior al "stock" de dinero disponible o factible de obtener. Justamente, una de

---

1. Stephen Haines, en su libro (con James McKinlay) *Reinventing Strategic Planning. The Systems Thinking Approach* (Systems Thinking Press, San Diego, 2009), enfatiza esta separación y escribe: "Resulta más fácil para usted identificar las áreas de problemas, poner atención en ocuparse de ellas y recién entonces emprender la acción" (pág. 63). Y concluye: "Usted no implementa el plan estratégico ni el plan de negocios. Usted implementa el plan táctico u operacional anual generado a partir de la dirección estratégica", (pág. 218; traducción nuestra).
2. La distinción –por pequeña que sea la organización– entre "lógica estratégica" y "lógica operativa" constituye uno de los mensajes principales de la obra *Planeamiento sistémico. Un enfoque estratégico en la turbulencia* (2008) que aquí citaremos a menudo y que en cierta forma se complementa con el presente libro.
3. La cuestión de la escasez, por lo general, es lo que distingue a una gran empresa comparada con las de menor tamaño: en aquella la financiación resulta un factor de costo y no una limitación como en estas.

las principales funciones del presupuesto en las entidades de menor tamaño (aunque también resulta válida para las más grandes, por motivo de costos) es **separar lo que puede financiarse con los recursos disponibles de aquello que deberá esperar una próxima oportunidad**. No hay nada peor para una organización que iniciar un proyecto que más tarde quedará varado por falta de fondos, perjudicando otros planes que sí son viables o, más lamentable aún, llevando el emprendimiento a la quiebra.

Tercero, el presupuesto no es solamente una herramienta de dirección y administración[4]; también es un instrumento de cultura, más precisamente, de cultura organizacional[5]. Por eso es importante que alrededor de la gestión presupuestaria se genere **un estilo de conducción y gestión basado en valores**[6], **en la colaboración entre sectores, en la anticipación de oportunidades y problemas, y en la negociación de metas "conversadas" y aceptadas de común acuerdo**[7].

Cuarto, digamos en lenguaje llano que hay dos formas de realizar algo: (a) "ir y hacerlo" (con el típico riesgo de la improvisación, tan frecuentemente atribuido a las PyMEs) y (b) "prever cómo se lo hará y actuar en consecuencia" (abordando de la forma más sencilla posible el tema del planeamiento). Obviamente, nos inclinamos por la segunda alternativa.

Por otra parte postulamos que en casi todo inicio de un emprendimiento, tras la fundamental idea estratégica que le da origen, lo que se necesita es formular un plan de ne-

---

4. La combinación de estas dos funciones es lo que en inglés se conoce como *Management*. Véase Herrscher, E. G. y otros: *Administración. Aprender y actuar: Management sistémico para PyMEs* (Ediciones Granica, Buenos Aires, 2009).
5. Véase la excelente obra de Cleri, Carlos: *El Libro de las PyMES*, Capítulo 7: "Hacia una nueva cultura empresaria", págs. 183-209.
6. Véase García. S.; Dolan, S.: *La dirección por valores* (McGraw-Hill, Madrid, 1997), una obra insustituible sobre el tema.
7. Véanse los capítulos 5 y 11.

gocios que abarque tanto lo estratégico como lo operativo. Pero en cuanto se pase a la siguiente etapa, de consolidación del emprendimiento en marcha, será importante definir **"quién hace qué, cuándo, cómo y, en principio, en qué cantidad"**. Vale decir, llegará el momento de "organizarse", de pasar de un estadio en el que los fundadores hacen todo, y no diferencian qué hace cada uno, a otro en donde cada miembro de la entidad, sea dueño, inversor minoritario o gerente profesional, adquiera una función o tarea. Esto puede lograrse por **"decisiones sueltas"**, a veces en forma de **"memorandos de compromisos"** de la Gerencia hacia los dueños, y a veces mediante **"protocolos de acuerdos"** entre fundadores y herederos en empresas de familia. Sin embargo, en nuestra experiencia, es muy ventajoso hacerlo ordenadamente, y nada mejor que utilizar **el presupuesto como "ordenador"** de lo que cada uno intentará realizar y lograr, aunque solo sean tres o cuatro personas.

Finalmente, hay una función que engloba todas las demás, y que constituye una suerte de **"prueba de viabilidad"** de la operación. Se trata de verificar si lo que se propone para el año entrante, de cumplirse las premisas tomadas en cuenta, no es imposible. O sea, no es una garantía de éxito (porque depende de dicho cumplimiento de las premisas), pero sí una especie de "no garantía de fracaso", en el sentido de no ser irrealizable aun confirmándose tales premisas.

CAPÍTULO 3

POR QUÉ EL PRESUPUESTO ES IMPORTANTE PARA LAS PYMES

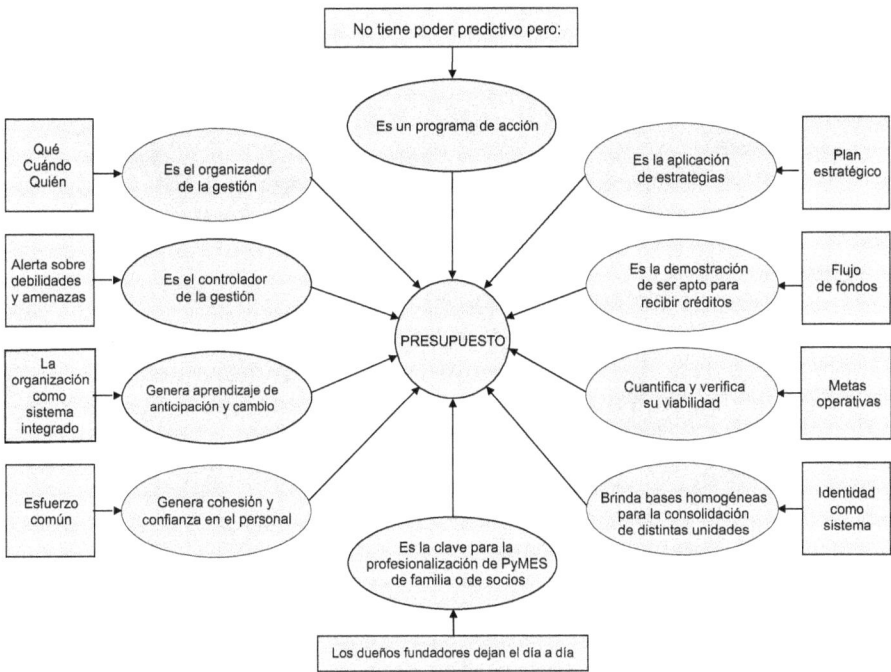

No tiene poder predictivo pero:

Es un programa de acción

Qué Cuándo Quién	Es el organizador de la gestión	Es la aplicación de estrategias → Plan estratégico
Alerta sobre debilidades y amenazas	Es el controlador de la gestión	Es la demostración de ser apto para recibir créditos → Flujo de fondos
La organización como sistema integrado	Genera aprendizaje de anticipación y cambio	PRESUPUESTO — Cuantifica y verifica su viabilidad → Metas operativas
Esfuerzo común	Genera cohesión y confianza en el personal	Brinda bases homogéneas para la consolidación de distintas unidades → Identidad como sistema

Es la clave para la profesionalización de PyMES de familia o de socios

Los dueños fundadores dejan el día a día

Elaboración: E. G. Herrscher

Figura 2

El presupuesto tiene mala prensa. Hay quienes dicen que, debido al alto grado de incertidumbre actual, constituye una pérdida de tiempo; que es un resabio del estilo rígido y formal del planeamiento de antaño o un juego de números que puede representar cualquier cosa y de todos modos nunca se cumple. Entonces, ¿para qué sirve?

Postulamos que no se le encontrará utilidad al presupuesto, si se la busca en el lugar equivocado. Urge aclarar varios malentendidos porque, si bien para las grandes corporaciones es un valor vigente, para las empresas medianas y sobre todo para los pequeños emprendimientos es más necesario que nunca. He aquí dieciséis motivos que lo evidencian.

1. El presupuesto carece de valor predictivo. Confiar en que lo tiene es como creer que bailar la danza de la lluvia hará llover. En realidad, **es un plan, un programa de acción** que se intentará cumplir, no "contra viento y marea", sino sujeto a los cambiantes vientos, adaptándolo a las nuevas mareas.

2. Como se señaló en el Prefacio, la contraposición de estas dos fuerzas, programa y constante adaptación, (así como la coexistencia de orientaciones disímiles –expresadas en los prólogos–) tiene implicancias muy profundas. El mundo funciona mediante dos clases de fenómenos: los programables y los emergentes[1]. Y el tipo de presupuesto que presentamos en este libro responde a ambas categorías. Es un programa, tal como lo hemos señalado y lo explica el primer Prólogo, pero también es absolutamente flexible[2], respondiendo a la cualidad de lo

---

1. Véase Herrscher, E. G.; Barrera, R. M.; Frías, R. A.: "Permiso, soy una propiedad emergente", V Congreso Bienal Internacional Complejidad 2010, La Habana.
2. En el sentido de "no rígido", distinto del concepto de "presupuesto flexible" tratado en Anexo II-G.

emergente en función de la realidad cambiante y tal como pregona la tesis *beyond budgeting* ("más allá de la presupuestación") mencionada en el segundo Prólogo. Programa para organizarnos dentro de lo previsible, y capacidad para adaptarnos a los cambios impredecibles.

3. La importancia de tal flexibilidad distingue la presente propuesta de la clásica concepción del "presupuesto corsé" de antaño[3], basada en un mundo más predecible. No se trata exclusivamente de una variación de un diez o veinte por ciento, sino que a veces comporta un cambio de rumbo **cuando las circunstancias (las premisas del programa) han cambiado**. Como dice Eduardo Dalmasso: "Cuando los individuos o conjuntos de individuos emprenden una acción dentro de un marco de complejidad, esta en algún momento comienza a escapar de sus intenciones primeras"[4].

4. Existe otra complicación: el presupuesto es la **parte operativa del planeamiento integral** de una organización, mediante la cual se procurará llevar a la práctica las ideas o planes estratégicos de un ente privado o social, o el mandato de un ente público. La "otra" parte es la estrategia. Pero bien dice Edgar Morin: "La palabra estrategia se opone a la palabra programa"[5]. A nuestro juicio, ello ocurre cuando se quiere reemplazar una por otra. Aquí, en cambio, lo primario y lo previo será la estrategia, y cuando la queramos aplicar necesitaremos el programa.

5. Lo anterior no solo es "también" aplicable a los emprendimientos y PyMEs, sino que es **particularmente**

---

3. Salvo en el caso del presupuesto público. Véase Anexo II-A.
4. En "Estrategia y estrategas, ¿de qué se trata y de qué se ocupan?", en *Management Herald* (enero/febrero 2012), págs. 9-11.
5. En *Introducción al pensamiento complejo* (Gedisa, Barcelona, 2005), pág. 115.

aplicable a estas. El motivo es claro: estas entidades son en general más débiles, tienen menos "espaldas" (financieras, organizacionales, tecnológicas) y mayor nivel de riesgo (ya que no lo descargan en una amplia variedad de negocios). Es por ello que, aunque posean ventajas a la hora de encontrar y diseñar nuevas estrategias, deben tener gran cuidado al implementarlas.

6. Como se ha explicado en el Capítulo 2, una función central del presupuesto es **cuantificar ciertas metas operativas** y verificar si, de cumplirse las premisas tomadas en cuenta, el plan sería financiera, económica y políticamente viable y ético.

7. Tal comprobación de viabilidad –incluso condicionada– tiene un efecto que, esto sí, lo acerca al de la danza de la lluvia: al igual que esta, despierta en el grupo de personas involucradas **la cohesión y la confianza al participar en un esfuerzo común** cuyo éxito (aun cuando no esté asegurado) al menos no es imposible.

8. Para las PyMEs, ese anticipo de resultado posible (más la demostración de que hay orden y previsión) constituye, a la hora de pedir un crédito bancario –asunto siempre problemático para estas empresas–, una información vital: al menos en principio, podríamos decir **"en teoría", se generarán fondos** para repagar el préstamo a su vencimiento.

9. El proceso de armar un presupuesto es el momento en que las estrategias (unas veces pensadas en rueda de socios o familiares, otras formuladas con anterioridad en el ámbito de un plan estratégico) adquieren categoría de acción. Es en el presupuesto cuando **las estrategias de cambio –integralmente o por etapas– cobran vida** y se llevan a cabo.

10. Dicha implementación (o implementaciones) requiere responder las cuatro preguntas básicas para

cada ítem: "**qué – cuánto – cuándo – quién"** (los "por qué – para qué – para quién" generalmente se habrán planteado en la etapa estratégica, y el "cómo" en alguna fase táctica intermedia).

11. De este modo el presupuesto se convierte en **el gran "organizador"** de la gestión, sobre todo en entidades pequeñas y medianas que no cuentan con manuales ni departamentos de métodos y procedimientos. Y en lugar de tener que decidir "cada vez", cada uno sabe en principio, desde el inicio del año, lo que tiene que hacer **siempre y cuando no cambien las circunstancias**.

12. Los presupuestos que se cumplen tal cual no sirven y son peligrosos: o se elaboraron a posteriori del período presupuestado, en cuyo caso son un autoengaño, o se hicieron con metas tan "bajas" que era "imposible no cumplirlas", en cuyo caso son instrumentos de ineficiencia. Las diferencias entre lo presupuestado y la realidad, lejos de representar un inconveniente o un "gol en contra", constituyen un valioso indicador de problemas o cambios de tendencias. **El presupuesto es así el gran "controlador", en el sentido de alertar sobre transformaciones, debilidades y amenazas.**

13. Asimismo, el presupuesto es **el gran "generador de aprendizaje"** de las organizaciones: enseña en la práctica, hasta al más recalcitrante, que nada puede hacerse sin trabajar en equipo, sin "hablar con aquel otro colega" que tal vez se encuentra en la oficina de al lado, trabajando en la misma empresa pero en otro sector. Bajo pena de terminar fabricando lo que no se prevé vender, de publicitar lo que no estará disponible, de incorporar o capacitar personal que no hará falta o de reducirlo atolondradamente, y demás incongruencias que en el proceso de presupuestación saldrían a la luz.

14. En la gran empresa con múltiples subsidiarias, el presupuesto y el control presupuestario son el punto neurálgico donde se define su capacidad de consolidación de cifras sobre bases homogéneas y se juega su **identidad como sistema**.

15. En la típica PyME en proceso de transformación, lejos de toda norma rígida o espíritu burocrático, el presupuesto es el gozne, **la llave maestra que permite pasar de un modelo "casero" a una dirección profesional**,donde los dueños siguen siendo los estrategas pero ya no se ocupan del día a día.

16. Hay un último tema que hubiéramos preferido que no existiera, pero existe, tanto en el ámbito público como en el privado, y algo menos en la PyME (porque hay menos tela para cortar), pero no podemos descartar nada: hablamos de la **corrupción**. La gestión presupuestaria no la "impide" (ojalá lo hiciera), pero la "dificulta" en gran medida. Además de los restantes actos de vigilancia, le impone dos filtros: (a) *ex ante*, al presupuestar y someter a escrutinio si cada erogación es necesaria y su monto, razonable; y (b) *ex post*, al realizar el control presupuestario y verificar si un desvío respecto de lo presupuestado puede estar escondiendo un delito[6].

---

6. Sobre fraude en las empresas –aun escrito desde una óptica contable y de auditoría– se sugiere ver el muy completo artículo de Armando M. Casal "Fraude en la Auditoría Financiera. Responsabilidad del Auditor", en *Profesional & Empresaria – D&G*, Ed. Errepar, Buenos Aires, N° 154, Tomo XIII, julio 2012, tema raramente abordado en la profesión.

CAPÍTULO 4

EL PRESUPUESTO Y EL CONTEXTO

Elaboración: E. G. Herrscher

Figura 3

Ningún presupuesto existe en el vacío ni funciona en forma mecánica, ya que todos se originan en determinado contexto organizacional, social, económico, cultural, político y ambiental. Refiriéndose al **"escenario como marco normativo"**[1], dice Jorge Etkin: "Es el medio ambiente observable, con límites explícitos dentro de los cuales se han ubicado y operan los recursos productivos, las normas de organización, las redes de comunicación y los papeles asignados a los componentes del sistema"[2]. Asimismo, reflexionando sobre la **relación entre estructura y contexto**, Armando Bertagnini explica: "Cada contexto genera demandas que son mejor satisfechas por determinadas configuraciones"[3].

En este libro imaginamos una empresa pequeña, de pocos recursos pero con gran sentido de innovación y ganas de desarrollarse[4], para lo cual necesita una **estructura sencilla pero eficaz**. El contexto externo –la Argentina y el mundo de las primeras décadas del tercer milenio– será casi siempre de

---

1. Pese a las diferencias de sentido y uso, utilizamos "contexto" y "escenario" como sinónimos.
2. En *Viabilidad de las organizaciones* (Macchi, Buenos Aires, 1984), pág. 117.
3. En *Las diagonales del cambio empresario. De la ruptura económica a la competitividad sustentable* (Macchi, Buenos Aires, 1995), pág. 178.
4. Hablamos de "desarrollo" y no de "crecimiento", aunque por lo general uno involucre al otro. Sin embargo, preferimos establecer esta clara distinción basándonos en "Los límites del crecimiento", el famoso informe al Club de Roma, que ha adquirido renovada vigencia. Una PyME puede desarrollarse en calidad, en alcance global y diversificarse sin necesariamente aumentar su tamaño. Así lo demuestran los "pequeños gigantes" europeos. Véase Meadows, D. H.; Randers, J.: *The Limits of Growth* (Universe Books, New York, 1972). En español, *Los límites del crecimiento. Informe al Club de Roma sobre el predicamento de la Humanidad* (Fondo de Cultura Económica, México, 1972). Véase también *Growth Two. The crisis of exploding population and resource depletion. The debate of the century, anti-growth versus pro-growth* (Putnam, New York, 1975), obra colectiva editada por Willem L. Oltmans. En el capítulo escrito por Jorge A. Sábato, págs. 37-43, se detalla la contribución del "Informe Alternativo" (el enfoque latinoamericano producido por la Fundación Bariloche). De mayor actualidad y postura más extrema, véase Serge Latouche: *La apuesta por el decrecimiento: ¿cómo salir del imaginario dominante?* (Icaria, Barcelona, 2009).

gran incertidumbre, de modo que habrá un ansia de encontrar un camino **"del caos al orden"**, como diría Ilya Prigogine.

Por otra parte, las empresas –incluso las PyMEs y aun el más modesto emprendimiento– no solo son sujetos pasivos del contexto, recibiendo su impacto muchas veces violento, sino que también son capaces de ejercer un rol activo –en ciertos casos lo deben hacer–, el cual **puede resultar positivo o negativo**. Al respecto, Patricia Kent sostiene: "Las empresas tienen la oportunidad de contribuir al logro de las soluciones para el desarrollo sostenible, combinando los objetivos de protección ambiental con los de crecimiento y rentabilidad"[5].

Para alcanzar mayor precisión, deberemos formularnos preguntas muy concretas acerca de aspectos relevantes del contexto. Por ejemplo:

a) ¿qué chances habrá de obtener financiación (en el caso y en la medida en que se requiera) a tasas razonables? (véase Anexo I-D);

b) ¿qué posibilidades habrá de cambios en la legislación impositiva (nacional, provincial, municipal) que afecten las operaciones? (véase Anexo I-E);

c) ¿qué puede pasar con los tipos de cambio, las regulaciones cambiarias y el nivel general de precios que puedan influir en las operaciones? (véase Anexo I-F);

d) ¿qué probabilidades habrá de que aparezcan regulaciones gubernamentales (comerciales, aduaneras o de cualquier otra índole) que afecten las operaciones planeadas, y cuál sería su impacto?;

e) ¿de qué autorizaciones oficiales dependerán las operaciones planeadas y qué probabilidades habrá de obtenerlas?[6]

---

5. En *La gestión ambiental en la empresa. Un nuevo concepto de gerenciamiento* (Buyatti, Buenos Aires, 1999), pág. 49.
6. Conocemos el caso de un emprendimiento provincial de transporte, que requería la incorporación de una flota de vehículos, los cuales se compra-

Otras preguntas serían de carácter más general:

a) ¿cuán probable es que los gustos y preferencias de los clientes (o de los consumidores finales), que venían rigiendo o que se tomaron en cuenta en el plan estratégico, hayan cambiado?, ¿en qué sentido?;

b) ¿cuán probable es que el clima laboral, las normas laborales y demás aspectos inherentes a los recursos humanos, que venían rigiendo o que se tomaron en cuenta en el plan estratégico, hayan cambiado?, ¿en qué sentido?;

c) ¿cuán probable es que el acceso a los insumos, sus costos o las condiciones de compra que venían rigiendo o que se tomaron en cuenta en el plan estratégico hayan cambiado?, ¿en qué sentido?;

d) ¿cuán probable es que las tecnologías que venían usándose o que se tomaron en cuenta en el plan estratégico hayan cambiado?, ¿en qué sentido?;

e) ¿cuán probable es que la situación política, social y económica que venía observándose o que se tomó en cuenta en el plan estratégico haya cambiado?, ¿en qué sentido?

Para Ernesto Gore y Diane Dunlap, algunas de las presiones externas son: 1) barreras legales y fiscales para entrar o salir de un cierto mercado; 2) restricciones a la disponibilidad de información; 3) limitaciones políticas, capaces de cuestionar la legitimidad de una empresa[7]. Por lo tanto, conviene que haya alguien o un mínimo grupo de perso-

---

ron de urgencia para aprovechar una oportunidad. Se daba por descontada la aprobación por parte de la autoridad correspondiente sin advertir que un pariente del gobernador tenía la misma idea. La aprobación nunca llegó y hubo que malvender la flota.

7. En *Aprendizaje y organización. Una lectura educativa de las teorías de la organización* (Tesis, Buenos Aires, 1988), pág. 88.

nas, por pequeña que sea la empresa o el emprendimiento, que tengan por especial misión mantener los ojos abiertos para reparar en estos y otros posibles **cambios en el contexto** y los riesgos consiguientes. En emprendimientos menores suele ser el mismo dueño o socio principal quien se ocupa, si no está excesivamente abrumado con el día a día.

Para casos más complejos, hemos propuesto un "tercer nivel" o tercera lógica[8], además de lo operativo (que incluye el presupuesto) y lo estratégico: lo "normativo". Una suerte de consejo de vigilancia o comité asesor (el *Board of Trustees* de los norteamericanos o el *Aufsichtsrat* de los alemanes) que puede albergar o representar –aun en la más pequeña organización– al "abuelo" fundador jubilado ya[9] o a la familia fundadora retirada de la conducción activa (a veces con ayuda de gente externa), dispuestos a asesorar sobre temas que hacen al futuro de la empresa frente a cambios en el contexto o respecto de su identidad y conducta ética, por encima de la conducción ejecutiva. Serían **los custodios de la sustentabilidad del emprendimiento**.

---

8. Véase Herrscher, Enrique G.: *Planeamiento sistémico. Un enfoque estratégico en la turbulencia* (2008), en particular la inclusión del "nivel normativo" que debemos a nuestro maestro Markus Schwaninger.

9. Recordamos con cariño al "viejo sabio", quien solía deambular por la próspera fábrica de plastificados (cliente nuestro) que había creado, ya sin función ni escritorio, pero a quien su hijo, director de la firma, no dudaba en consultar para resolver los grandes temas.

CAPÍTULO 5

EL PRESUPUESTO Y LA GENTE

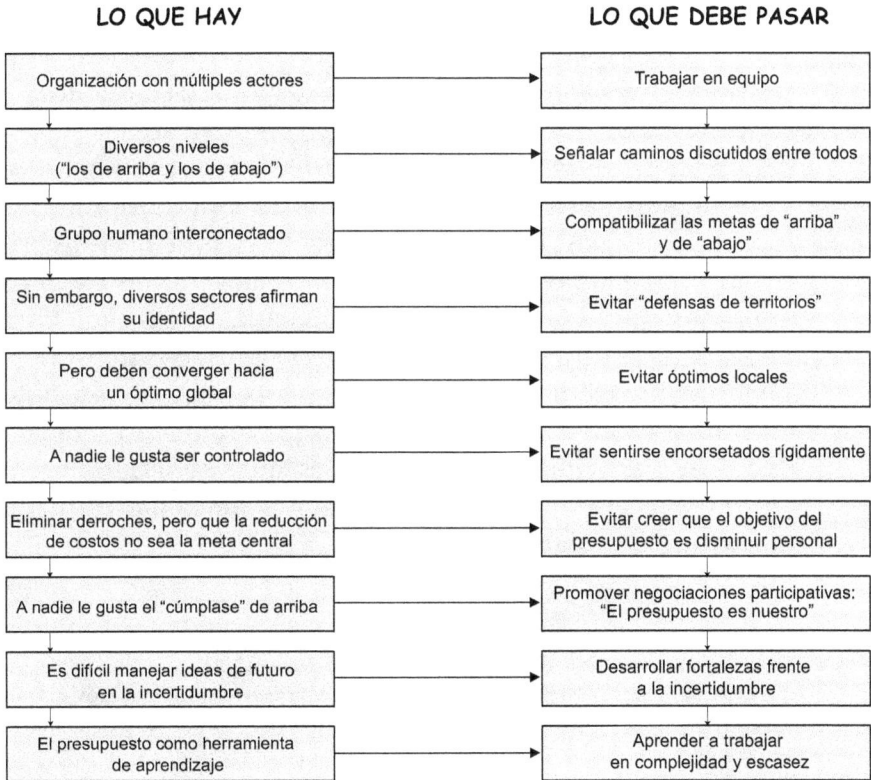

LO QUE HAY	LO QUE DEBE PASAR
Organización con múltiples actores	Trabajar en equipo
Diversos niveles ("los de arriba y los de abajo")	Señalar caminos discutidos entre todos
Grupo humano interconectado	Compatibilizar las metas de "arriba" y de "abajo"
Sin embargo, diversos sectores afirman su identidad	Evitar "defensas de territorios"
Pero deben converger hacia un óptimo global	Evitar óptimos locales
A nadie le gusta ser controlado	Evitar sentirse encorsetados rígidamente
Eliminar derroches, pero que la reducción de costos no sea la meta central	Evitar creer que el objetivo del presupuesto es disminuir personal
A nadie le gusta el "cúmplase" de arriba	Promover negociaciones participativas: "El presupuesto es nuestro"
Es difícil manejar ideas de futuro en la incertidumbre	Desarrollar fortalezas frente a la incertidumbre
El presupuesto como herramienta de aprendizaje	Aprender a trabajar en complejidad y escasez

Elaboración: E. G. Herrscher

Figura 4

El presupuesto no es un papel o una serie de papeles. Es una especie de borrador de lo que pensamos que pasará (y queremos que pase) en el año por venir en una organización que se moviliza en función de múltiples actores. Por lo tanto, el presupuesto es una **guía que señala ciertos caminos** a seguir a los integrantes de los diversos niveles de la organización. Y tanto "los de arriba" como "los de abajo"[1] no son partes o engranajes de una máquina, sino que constituyen un **grupo humano absolutamente interconectado**, con sus respectivas voluntades, intereses y modelos mentales[2].

Como dice Ackoff, "en el proceso de planeación, el proceso es el producto más importante"[3], más que el plan mismo –en nuestro caso, el presupuesto–. Él está refiriéndose a lo que denomina "Planeación Interactiva", una de cuyas claves es el **principio participativo**. Sin embargo, no estamos apuntando aquí al "presupuesto participativo propiamente dicho" como variedad del presupuesto público (más precisamente: municipal o urbano)[4], sino a la postura básica de este libro con respecto a que **todo presupuesto moderno debe ser participativo**. El motivo es muy concreto, así lo afirma María Cristina Ferrari: **"La gente apoya todo aquello que ayudó a construir"**[5].

1. Extrajimos ambos términos, no muy científicos pero sumamente claros, del excelente libro de Barry Oshry: *Seeing Systems.Unlocking the Mysteries of Organizational Life* (Berrett-Koehler, San Francisco, 1996). El autor dirigió durante muchos años talleres organizacionales en donde los participantes asumían diversos roles.
2. Sobre "modelos mentales" véase del maestro Magoroh Maruyama: *Mindscapes in Management. Use of Individual Differences in Multicultural Management* (Dartmouth Pub. Co, Aldershot, England, 1994). El cuadro "Los cuatro tipos de paisajes mentales de Maruyama" aparece en Herrscher, E. G.: *Pensamiento sistémico* (Ediciones Granica, Buenos Aires, 2008), pág. 50.
3. Ackoff, Russell L.: *Planificación de la empresa del futuro* (Limusa, México, 1983), pág. 88.
4. Al que nos referimos en el Anexo II-H.
5. En *Gestión de calidad en organizaciones de salud* (EDICON, Buenos Aires, 2012), pág. 21.

No obstante, en el caso de la gestión presupuestaria semejante apoyo no es fácil. El gran desafío del presupuesto reside en **compatibilizar la postura de la dirección ("los de arriba"), en cuanto a las metas de éxito** a que aspira la empresa[6], **con la postura de los que deben lograrlas ("los de abajo")**, preocupados por la posibilidad de no alcanzarlas. Esto nos remite al concepto del arte de la "conversación", tan caro a los sistémicos (véase Cap. 11), y que realmente se convierte en lo más difícil, pues cada uno de los niveles tiende a defender metas propias. Como lo sugiere el ya citado Russell Ackoff en uno de sus famosos aforismos: "Es muy difícil para aquellos que están dentro de una caja pensar fuera de la caja"[7].

Este desafío tiene que ver con las clásicas "quintitas", con la exagerada defensa del sector o del territorio de poder. Muy nefasta y dañina será una gestión presupuestaria que encare cada sector y cada función de la empresa de forma independiente, ya que **la interconexión es la clave del funcionamiento de una organización y el principal motor del presupuesto**[8]. En consecuencia, este debe ejercer una **función aglutinadora** para generar un espíritu de equipo y el convencimiento de que solamente todos juntos asegurarán la continuidad de la empresa y por ende del empleo.

En muchos casos, el primer paso consiste en vencer el prejuicio de que el presupuesto es una "máquina de perseguir",

---

6. Una original y lúcida aproximación al tema sobre metas empresarias es la "novela de negocios" del recientemente fallecido Eliyahu M. Goldratt: *The Goal. A process of ongoing improvement* (The North River Press, Great Barrington, 1992). Hay versión en castellano así como de sus siete libros complementarios, todos publicados por Ediciones Granica. Nuestra admiración por las ideas innovadoras de Goldratt no impide que disintamos con su concepto de "única" meta, la de hacer dinero.
7. Ackoff, R. L.; Allison, Herbert J.; Bibb, Sally: *Management f-laws. How organizations really work* (Triarchy Press, Axminster, 2007), traducción nuestra.
8. Una empresa en la que se producía lo que no se vendía y se pronosticaban ventas de bienes que no se podían producir ni comprar le pidió al autor una capacitación en enfoque sistémico. Se le sugirió que comenzaran por implantar el presupuesto y que lo sistémico vendría incluido.

un minucioso sistema de control inamovible al que se le ha de tener miedo[9] (frecuentemente justificado por tantos años de manejo presupuestario equivocado). Confiamos en que este libro ayude a disipar el equívoco o –en su caso– contribuya a **modificar una forma malsana de aplicar el control presupuestario**, sin caer por ello en el "vale todo". Esto tiene que ver con la forma de encarar la construcción del presupuesto y más todavía con el modo de ejercer dicho control[10]. En este sentido, la gestión presupuestaria es uno de los principales casos de "aprender haciendo"[11] y bien encarada constituye un importante proceso transformador que afecta a todos los integrantes de la organización (véase Cap. 11).

Para que esto suceda, **un importante cambio debe ocurrir con respecto al control presupuestario**. Mientras subsista en la organización el concepto de que el principal objetivo del presupuesto es permitir controlar a la gente, en la medida en que perdure la falsa creencia de que al proceso presupuestario "hay que tenerle miedo" y la fijación de metas presupuestarias se viva como la aplicación de un torniquete que exprime hasta la última gota del esfuerzo del personal, no se podrá avanzar hacia la visión que aquí proponemos.

9. Otra empresa de capitales chilenos conducida por directivos formados en la época de Pinochet sorprendió al autor con la afirmación "aquí no hay desvíos presupuestarios", denotando un estilo casi militar.

10. De nuestra actuación en la fábrica Standard Electric recordamos a dos auditores enviados en diferentes épocas por la casa matriz. A uno lo llamaban "tirabombas": cuando encontraba una falla se reservaba la información hasta "largarla" de sorpresa en la próxima reunión de la Dirección Superior. Era todo un lucimiento para él, sin embargo, no se producía el aporte de una mejora inmediata de la gestión. No duró. Su sucesor encontraba igualmente las fallas, pero conversaba sobre ellas con el responsable, vigilaba que se corrigieran de inmediato, se aseguraba de que así fuera y en la reunión decía: "Está todo bien". No se "lucía" pero ayudaba inmensamente a mejorar la gestión.

11. Es el famoso *Learning by doing* (aprender haciendo) de las "organizaciones que aprenden". Véase Senge, Peter M.: *The Fifth Discipline. The Art & Practice of the Learning Organization* (Random House, UK, 1997). En castellano, *La quinta disciplina en la práctica* (Ediciones Granica, Buenos Aires, 2004).

Este cambio no es fácil ni responde a un optimismo ingenuo. Como dice Fernanda M. Ferrari Esteves: "Es necesario conseguir el compromiso de los involucrados para producir los cambios necesarios, superando los obstáculos y restricciones del aprendizaje individual, que muchas veces se mantienen en el ciclo único –alterando apenas las actitudes del momento– y no se expanden al ciclo doble[12], donde la realimentación de una acción consigue alteraciones en los conocimientos y valores del individuo"[13].

Hablamos de un nuevo paradigma de control que se expresa en la "ecuación" **Control = Aprendizaje**, basado en otro de los famosos aforismos de Ackoff: "Los directivos no aprenden haciendo cosas bien, solamente haciéndolas mal"[14]. Esto transforma los conocidos "desvíos presupuestarios", que provocaban un complejo de persecución, en una oportunidad de aprendizaje y de averiguar "qué pasó": (a) si cambiaron las premisas externas tomadas en cuenta; (b) si presupuestamos mal (y aprendemos a hacerlo mejor); o finalmente (c) si hubo "mala praxis" y hay ocasión de corregirla.

---

12. Sin duda se refiere a los aprendizajes de nivel I y II de Gregory Bateson.
13. En AA.VV.: *Visão Sistêmica e Administração* (Saraiva, São Paulo, 2006), pág. 79, traducción nuestra.
14. También desarrolló este concepto en su obra más clásica *Planificación de la empresa del futuro* (Limusa, México, 1983) y en *Recreación de las corporaciones. Un diseño organizacional para el siglo XXI* (Oxford University Press, México, 2000) y muy especialmente en su recordada alocución en la 49ª reunión anual de la International Society for the Systems Sciences (ISSS) en Cancún bajo nuestra presidencia.

CAPÍTULO 6

ESQUEMA PRESUPUESTARIO
DE UNA GRAN EMPRESA

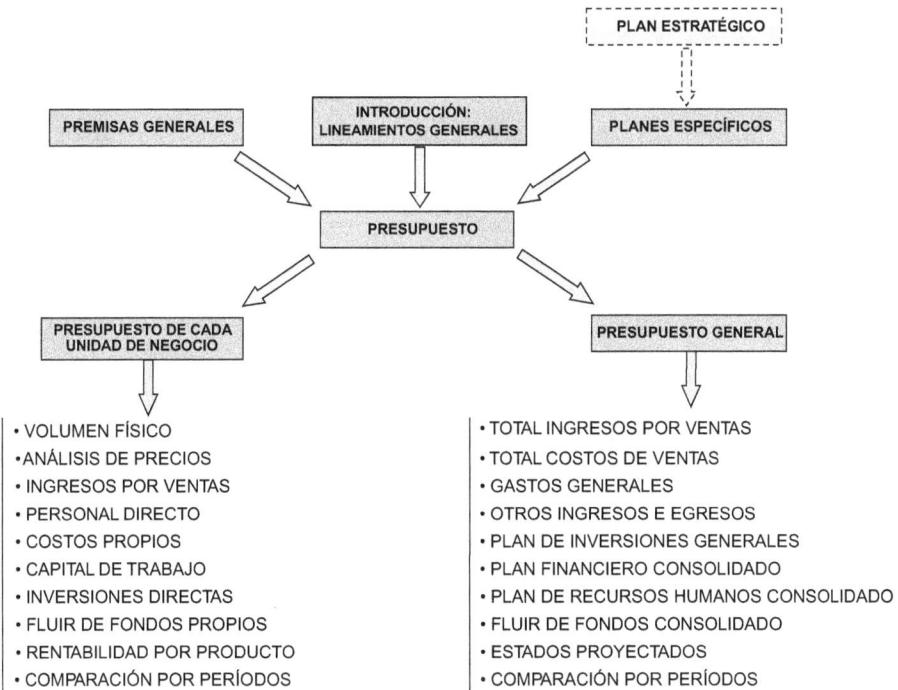

Elaboración: E. G. Herrscher

Figura 5

En este libro, dedicado primariamente a la empresa mediana y pequeña y a los emprendimientos en general, incluimos el presente capítulo con el único fin de mostrar la enorme diferencia de enfoque que existe entre la organización pequeña y la gran empresa. De ahí que en ninguno de los rubros que figuran en el gráfico nos detengamos en detalles sobre su construcción.

La palabra más importante del título es "una", o sea que no alude a "todas" las grandes empresas, ni necesariamente a algunas de ellas, sino que cada una podrá tener variantes con respecto a los rubros. Valga este caso como ejemplo. La segunda palabra importante es "esquema", la cual denota un gráfico simplificado mostrando elementos, sin especificar sus infinitas interrelaciones ni los valores organizacionales y humanos que los sustentan. Este esquema se basa en una empresa multiproducto (de multiservicio o multiactividad), una entidad integrada por varias unidades de negocios para cada una de las cuales interese conocer su aporte respecto del total.

Por lo dicho al comienzo, no nos detendremos en el detalle analítico de ninguno de los elementos; tan solo diremos que el esquema muestra tres partes: una introductoria, una sectorial correspondiente a cada unidad de negocio, y una global que incluye tanto la suma de las unidades como a los rubros generales no asignables a ninguna de ellas. El principal elemento figura con línea punteada para indicar que no pertenece propiamente al presupuesto, sino que "viene de otro lado". Se trata del importantísimo vínculo con el *plan estratégico*, que aparecerá aquí como "Resumen inicial", destacando los *planes específicos* que se prevé iniciar, continuar y/o finalizar en el año presupuestado. Es donde se manifestarán los **cambios** que encare la empresa más allá de la rutina.

Debe quedar claro que el "vuelco" de la porción anual del planeamiento estratégico en el nivel operativo del presupuesto no es una función mecánica: es el momento en que "las ideas costarán plata" y conviene volver a someterlas al escrutinio, ahora actualizado, sobre su oportunidad, relevancia y conveniencia[1].

En *Introducción: lineamientos generales* podrán figurar en términos amplios los objetivos para el año entrante, los principios a tener en cuenta, algunos aspectos como los expuestos en el presente libro sobre políticas de largo plazo que no hayan cambiado, indicadas en el plan estratégico, y ciertas cuestiones metodológicas que convenga destacar. Un elemento de enorme relevancia es el de las *premisas generales*, tanto internas (las decisiones de la propia empresa) como externas (fuera del control de esta). Hay dos razones por las que estas premisas son tan significativas, particularmente las externas: (a) porque de su cumplimiento (o desvío) depende, en gran parte, que se llegue (o no) al resultado presupuestado; y (b) porque sin esa referencia nunca se podría saber si la brecha entre lo previsto y lo real se debe a que cambiaron las premisas o a fallas de la empresa[2].

A continuación, convendrá que cada unidad de negocio elabore su propio presupuesto, incluyendo –si corresponden– aquellos rubros señalados en el gráfico que "no existirían si no existiera la unidad". Dado que se trata de rubros contables bien conocidos que no hacen a la orientación de este libro, no abundaremos en detalles, excepto sobre tres aspectos que vale la pena destacar: (a) en mercados competitivos, el "análisis de precios" deberá comparar los nuestros (de las principales variedades o promedios) con los de los competidores más importantes, así como establecer en qué

---

1. Conocemos el caso de una empresa que dedicaba gran energía a comparar –a modo de control– el presupuesto anual con lo que un año antes se había planteado para ese período en el plan estratégico. Estamos en contra de darle importancia a semejante variación: enhorabuena si en un año hemos sido capaces de innovar y adaptarnos a nuevas circunstancias.
2. Véase Anexo II-G, donde nos referimos a la flexibilidad como lo contrario de rigidez.

lugar de la escala estarían nuestros productos; (b) de haber insumos compartidos por dos o más unidades, se asignarán de la forma más práctica posible, sin crear trabajos improductivos; (c) se recomienda suma prudencia al utilizar "rentabilidad por producto": si bien es comprensible que la empresa quiera saber "cuánto le deja" cada línea, no deberá olvidar que en realidad la única rentabilidad es la de la empresa en su totalidad[3].

Finalmente, se confeccionará el "presupuesto general", que estará integrado por tres tipos de rubros: (a) la suma de rubros que solo pueden provenir de las unidades de negocios (como los dos primeros ítems del listado de la derecha de la Figura 5); (b) los que por definición únicamente surgen del área central (como los siguientes dos ítems), y (c) los demás, que integran tanto rubros centrales como los de las unidades de negocios.

Una mención especial merece, en el total como en cada unidad de negocio, la comparación por períodos. Esta modalidad pone en perspectiva lo que en cada presupuesto mejora (o desmejora) respecto del año precedente (el que está en curso al confeccionar el nuevo): tanto lo previsto presupuestariamente como lo real hasta la fecha de comparación. Los ítems más interesantes serán las unidades físicas de insumo, producto y venta, mientras que lo expresado en unidades monetarias deberá ser ajustado por inflación (si la hay), tema que trataremos brevemente más adelante[4].

Un comentario acerca de "por dónde comenzar". Si no hay antecedentes en gestión presupuestaria, una empresa grande generalmente comenzará por confeccionar el **manual de presupuesto**. En esta época caracterizada por la globalización, casi todas las corporaciones importantes tendrán subsidiarias o sucursales en los lugares que puedan

---

3. El ya citado libro *La Meta* de E. Goldratt, así como sus restantes obras, enfatizan este punto.
4. Véase Anexo I-F.

abarcar. Una de sus preocupaciones será considerar el conjunto que incluya la casa matriz más las subsidiarias (y en algunos casos las empresas asociadas) como un sistema integrado y, por lo tanto, tener números –por ejemplo, los del presupuesto– consolidados para todo el sistema. En consecuencia, es esencial asegurar la homogeneidad de todos los criterios que adopten las partes, para lo cual el primer paso en materia de presupuestación será la confección de un manual de presupuesto de cumplimiento obligatorio (en principio) para todos los integrantes del sistema. Dado que este libro está mayormente dedicado a empresas medianas y chicas, prescindimos de mostrar un modelo de manual.

Para asegurar que la consolidación –además de basarse en criterios homogéneos– tenga sentido, es posible que haya que dictar **normas especiales** para casos de excepción. El caso típico es el de la subsidiaria que se maneja con una moneda distinta a la de la casa matriz, que sufre (o se estima que sufrirá) un fuerte proceso inflacionario y/o de deterioro del tipo de cambio. Ello requerirá precisos procedimientos sobre cómo trasladar transacciones y valores en moneda local a la de la casa matriz, así como exponer cualquier otro efecto de dicho proceso inflacionario[5]. Acotemos que, a diferencia de las normas generales del manual, que siempre se emitirán desde la casa matriz, convendrá que estas normas especiales se diseñen en los ámbitos que tienen el problema, que es donde están los expertos, quienes pueden proponerlas para su aprobación.

Una de las primeras cuestiones que establecerá dicho manual será indicar quién, en cada subsidiaria o unidad de negocio, estará a cargo de la coordinación del proceso de presupuestación (por lo general también de control presupuestario) y quién se ocupará de su aprobación local (previa a la de la casa matriz en caso de una estructura centralizada).

---

5. *Idem.*

De lo primero comúnmente se ocupa el director financiero (a quien suele reportar un *controller*), y de lo segundo, el gerente general o CEO. Lo importante es que haya para estos ejecutivos, y quienes reporten a ellos, programas de **capacitación y actualización** que los habiliten para esta tarea.

De más está decir que a ninguna PyME se le ocurrirá pensar en un manual, salvo que alguna circunstancia de especial complejidad lo justifique.

CAPÍTULO 7

MODELO PRESUPUESTARIO
DE UNA PYME

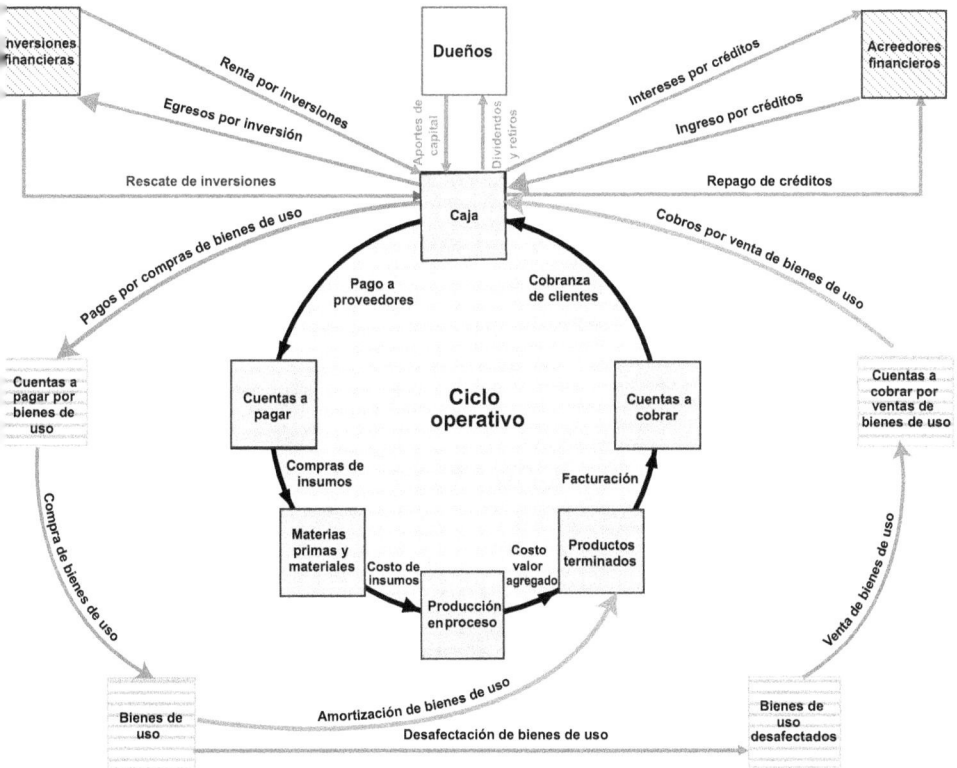

- Inversiones financieras
- Renta por inversiones
- Egresos por inversión
- Rescate de inversiones
- Dueños
- Aportes de capital
- Dividendos y retiros
- Intereses por créditos
- Ingreso por créditos
- Repago de créditos
- Acreedores financieros
- Pagos por compras de bienes de uso
- Cobros por venta de bienes de uso
- Caja
- Pago a proveedores
- Cobranza de clientes
- Cuentas a pagar por bienes de uso
- Cuentas a pagar
- Ciclo operativo
- Cuentas a cobrar
- Cuentas a cobrar por ventas de bienes de uso
- Compra de bienes de uso
- Compras de insumos
- Facturación
- Materias primas y materiales
- Costo de insumos
- Costo valor agregado
- Productos terminados
- Producción en proceso
- Venta de bienes de uso
- Bienes de uso
- Amortización de bienes de uso
- Desafectación de bienes de uso
- Bienes de uso desafectados

Elaboración: E. G. Herrscher

Figura 6

Como se aprecia en el gráfico, este modelo es muy diferente del esquema presupuestario de una empresa grande visto en el capítulo anterior. Rige la mayor simplificación posible acorde con una estructura más plana, normalmente dedicada a un solo negocio[1].

Suponiendo que sea una PyME manufacturera, en primer lugar hay un **ciclo operativo**, consistente en comprar y pagar los insumos, convertirlos en productos terminados, venderlos[2] y cobrarlos. Es el circuito que une los cubos grisados compuesto por flujos (básicamente, los cinco procesos que acabamos de señalar) y por stocks. Contablemente, los activos y pasivos comprendidos en este ciclo configuran el llamado *Capital de trabajo*. Y hay, en segundo lugar, un **ciclo de inversión, más ocasional, no continuo** (circuito que une los cubos con rayado horizontal), que se refiere a la compra de bienes de uso cuando la PyME se inicia y adquiere sus equipos (y los paga), cuando los incrementa o reemplaza al crecer o al modernizarse tecnológicamente e incorpora una porción del gasto al costo de los productos manufacturados (amortización), cuando los desafecta por obsoletos o redundantes, los vende (fuera de su mercado habitual) y los cobra (por reducido que sea a veces el monto). Consideramos de gran importancia distinguir estos dos ciclos porque mezclarlos puede provocar errores conceptuales y de cálculo.

---

1. La PyME generalmente "no tiene resto", ni organizativa ni financieramente, para múltiples negocios, al contrario de lo que sucede en empresas grandes y de lo que suponen la mayoría de las obras internacionales sobre la materia para cualquier tamaño de empresa. Esta es la principal causa de la "fragilidad" de la PyME: no tanto por la falta de fondos y de crédito (también importantes) sino porque se basa en un solo negocio, que si falla, fracasa todo el emprendimiento.
2. En el gráfico aparece "facturación" como equivalente a la entrega de la cosa, que es lo relevante para el ciclo y que puede no ser simultáneo con la "venta" en el sentido de marketing. En la bibliografía contable suele haber una confusión entre ambos términos. En rigor pasa lo mismo con "compra", cuando no es simultánea con la recepción de la cosa. No consideramos que el distingo sea relevante para nuestro tema.

En tercer lugar hay un **ciclo financiero** (bloques con rayado oblicuo), integrado por aquellas entidades con las cuales la PyME contrajo deudas al haber recibido créditos de ellas, por los que debe pagar intereses, y en su momento proceder al repago de dichas deudas[3]. Si se da el caso, estarán aquellas entidades donde la PyME deposita sus excedentes monetarios mientras no los necesita (en espera de la ocasión de aplicarlos al ciclo de inversión), por los cuales percibe rentas, y en algún momento los rescatará para darles destino.

En cuarto lugar (bloque blanco) figura el **vínculo con los dueños** (socios o accionistas), quienes aportaron el capital inicial. En este caso, es posible que lo refuercen cuando haga falta y reciban la porción de las ganancias que se decida distribuir tras cada balance anual o –lo más habitual– que las retiren a cuenta periódicamente[4].

---

3. Véanse algunas particularidades de este proceso en Anexo I-G.
4. Este es uno de los temas álgidos en muchas PyMEs, especialmente las de familia. Cuando los socios cuentan con estas ganancias como principal ingreso, su monto ya no depende de los resultados de la empresa sino de las necesidades de subsistencia. De ahí que esta cuestión sea de gran importancia a la hora de presupuestar, y en el caso de que haya múltiples dueños conviene fijar el criterio por anticipado. Véase la "alternativa E" en el gráfico introductorio del próximo capítulo.

CAPÍTULO 8

USOS DEL FLUIR DE FONDOS
EN EL PRESUPUESTO

ESTRUCTURA BÁSICA	ALTERNATIVAS					
	A	B	C	D	E	F
GANANCIA NETA	√	√	√	√	√	√
+ DEPRECIACIÓN	√	√	√	√	√	√
+ CONSTITUCIÓN NETA DE RESERVAS	√	√	√	√	√	√
= GENERACIÓN INTERNA DE FONDOS	√	√	√	√	√	√
- PAGO DE DIVIDENDOS O RETIROS	√	√	√	√		√
+ APORTES DE CAPITAL	√	√	√		√	√
- INVERSIONES EN ACTIVOS FIJOS	√	√		√	√	√
± AUMENTO O DISMINUCIÓN DEL CAPITAL DE TRABAJO	√		√	√	√	√
± AUMENTO O DISMINUCIÓN DE LA DEUDA FINANCIERA		√	√	√	√	√
± AUMENTO O DISMINUCIÓN DE LAS DISPONIBILIDADES (CAJA Y BANCOS)	√	√	√	√	√	

Elaboración: E. G. Herrscher

Figura 7

El flujo de fondos es parte de todo plan financiero y su mecánica responde a cuestiones técnicas sobre las cuales –como se explica en el Anexo I– no ahondaremos en detalle. Sin embargo, hay un aspecto de crucial importancia que sí corresponde incluir en este capítulo, ya que es netamente un caso de "estrategia para implementar las Estrategias".

Se trata de utilizar distintos formatos de exposición según cuál sea la "variable de ajuste", tal como se muestra en el gráfico. El tema de la (o las) "variable(s) de ajuste" tiene fundamental relevancia en el presupuesto, ya que en lo financiero difícilmente "cierren" de manera automática. En efecto, para cumplir las metas (de haber escasez de recursos, tan habitual en las PyMEs) se deberá **financiar** el faltante (alternativa A), o habrá que achicar el plazo de pago de los clientes y/o alargar el de los proveedores y/o disminuir los inventarios, tres medidas que confluyen en el monto del **capital de trabajo** requerido (alternativa B), o suspender o postergar **inversiones en activos fijos** (alternativa C), o suspender o reducir los **dividendos o retiros a cuenta de ganancias** (alternativa D), o –por el contrario– pedir a los dueños algún **aporte de capital** suplementario, transitorio o definitivo (alternativa E).

Siempre nos ha parecido que alguna de estas medidas, o –más frecuentemente– la **combinación** de algunas de ellas, se debía presentar como resultado del *fluir de fondos*. No obstante, la práctica más común es usar como factor de ajuste el saldo de caja (caja y bancos, disponibilidades, activos líquidos) que en el gráfico se presenta en la alternativa F, y que en las PyMEs –por lejos– es el factor menos relevante en cuanto a monto.

En las subsidiarias de las grandes empresas internacionales el típico "factor de ajuste" es la casa matriz requiriendo remesas de dividendos, de servicios técnicos o devoluciones de capital en caso de excedentes, o accediendo a otorgar préstamos o aportes de capital en caso de faltantes. Pero nada de esto sucede en las PyMEs que, salvo ejemplos excepcionales, no tienen "casa matriz". Es por ello que consideramos este "uso del fluir de fondos como determinante del (o de los) factor(es) de ajuste", y **uno de los aspectos más destacados y de mayor utilidad del presupuesto en la PyME**.

Hay otro motivo por el cual esta herramienta resulta con frecuencia de singular importancia. Hay un preconcepto –casi una ideología– de que en caso de faltantes de caja (o de cualquier otro síntoma de disminución de la rentabilidad) la solución consiste en reducir el gasto en personal (concretamente, en disminuir la cantidad de empleados). Aparte del hecho de que esto solo afecta –en la "mejor" hipótesis– el largo plazo (pues en el corto plazo suelen ser mayores las indemnizaciones que los ahorros), es una **hipótesis de mala calidad**: la empresa como empleadora responsable debería tomar el empleo como **última alternativa**, no como primera[1]. De ahí la importancia de esta herramienta que permite considerar (poner en evidencia) y calibrar (calcular los montos necesarios) las **demás alternativas** antes de llegar al "achicamiento"[2].

Finalmente, hemos omitido –por estar refiriéndonos a PyMEs, casi siempre limitadas de recursos– otro factor de ajuste que suele estar muy presente en las empresas grandes: el incremento o disminución de las inversiones financieras (aunque lo hemos incluido en el Capítulo 7 y en su gráfico introductorio). Estos depósitos temporarios –de la modalidad que sea– sirven como pulmón para absorber sobrantes (sin mantener fondos ociosos en caja),

---

1. Véase el final del Anexo II-E.
2. No nos referimos a la eliminación de puestos inútiles (véase Anexo II-E), sino a las reducciones que llegan "al hueso" y afectan las actividades esenciales de una organización. Como dijera un crítico de la mal llamada *reingeniería*: "ninguna empresa se desarrolla achicándose".

generando alguna renta y siendo utilizados cuando hace falta. Rara vez una PyME tiene la holgura necesaria para que este rubro sea significativo[3].

---

3. Casi nunca tiene "con qué"; además, no es buena estrategia tener excesivos fondos líquidos en caja o en inversiones financieras, ya que de ese modo la PyME, muchas veces apetecida para ser absorbida por una empresa más grande, se convierte en "bocado fácil" y quien la compra la puede pagar con los propios fondos libres de la entidad adquirida.

CAPÍTULO 9

PRESUPUESTO DE INVERSIONES EN BIENES DE CAPITAL

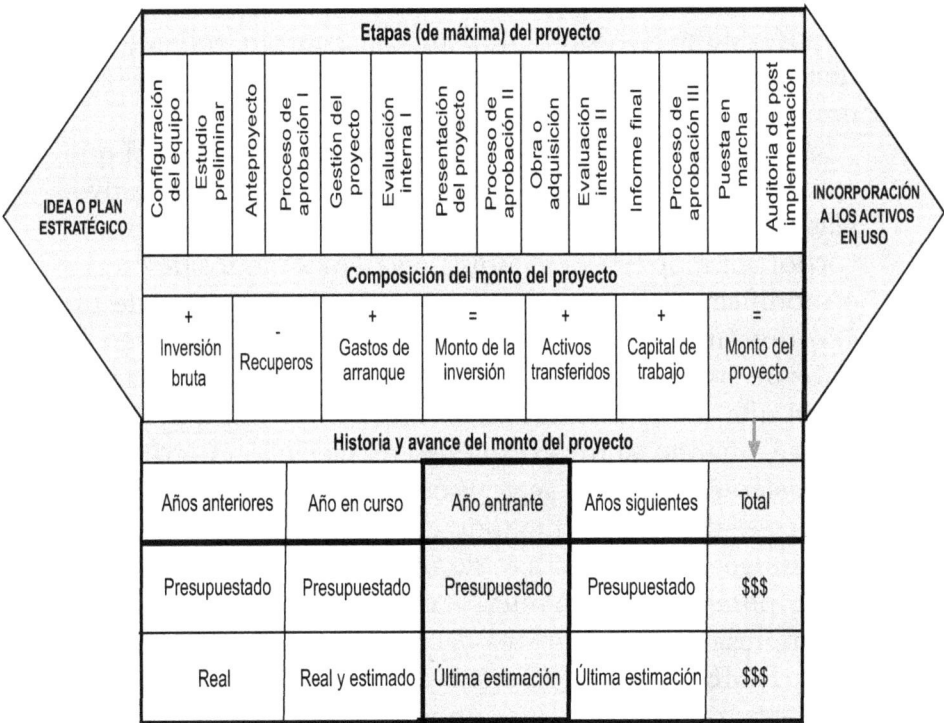

	Etapas (de máxima) del proyecto												
IDEA O PLAN ESTRATÉGICO	Configuración del equipo	Estudio preliminar	Anteproyecto	Proceso de aprobación I	Gestión del proyecto	Evaluación interna I	Presentación del proyecto	Proceso de aprobación II	Obra o adquisición	Evaluación interna II	Informe final	Proceso de aprobación III	Puesta en marcha	Auditoría de post implementación	INCORPORACIÓN A LOS ACTIVOS EN USO

Composición del monto del proyecto							
+ Inversión bruta	- Recuperos	+ Gastos de arranque	= Monto de la inversión	+ Activos transferidos	+ Capital de trabajo	= Monto del proyecto

Historia y avance del monto del proyecto				
Años anteriores	Año en curso	Año entrante	Años siguientes	Total
Presupuestado	Presupuestado	Presupuestado	Presupuestado	$$$
Real	Real y estimado	Última estimación	Última estimación	$$$

Elaboración: E. G. Herrscher

Figura 8

¿Qué hace un tema típicamente estratégico, de largo plazo, en este libro dedicado al presupuesto anual, o sea de corto plazo? La respuesta es que comporta un caso especial: si bien la incorporación de *bienes de capital* por lo general abarca más de un período anual, la etapa de estudio y aprobación, la de construcción o adquisición, la de instalación y puesta en marcha y la de evaluación a posteriori, una o varias de estas fases (algunas veces, todas) tendrán lugar durante el año presupuestado. Vale decir que interesa la porción de erogación dentro de ese año, sin embargo no tiene sentido analizarla fuera del contexto de la inversión integral en cada una de sus etapas.

Significa que es uno de los principales casos en el que se manifiesta la relación entre lo estratégico y lo operativo. Hasta que una iniciativa de ampliación productiva, de incorporación de nueva tecnología y demás modos de crecer o modificarse, no aparezca en los planes concretos de un año determinado, tal iniciativa quedará suspendida en la nube de las buenas intenciones. Peor aún, no hay nada más inútil que un activo destinado a una inversión que quedó trunca, cuando ya tuvo comienzo de ejecución pero en los años siguientes nadie se ocupó de darle continuidad. Del gráfico se desprende que todo comienza con una iniciativa de aumento de lo que hay, de mejoramiento o innovación (incorporación de algo nuevo), que puede haber surgido en la empresa grande a través de un plan estratégico, y que en la PyME podrá ser el resultado de una exploración estratégica, de la cultura de innovación de los dueños o de una simple idea surgida durante el asado familiar de los domingos[1].

La franja superior del cuadro detalla, para el caso de máxima complejidad, catorce etapas que van desde la confi-

---

1. El planteo estratégico, formal e informal, es tratado en el citado libro que "hace pareja" con este: *Planeamiento sistémico*.

guración del equipo de trabajo hasta la auditoría post implementación. En la medida en que haga falta serán aplicables las recomendaciones indicadas en el Capítulo 10. Lógicamente, en una PyME se plantearán menos etapas de evaluación, presentación y aprobación, ya que no habrá diferentes autoridades, a nivel proyecto, sector y empresa, que deban intervenir. Sin embargo, el tema "auditoría de post implementación" es en este caso particularmente importante, pues "no hay cliente externo que controle".

En el sector medio figuran los cinco elementos que conforman el monto del proyecto para el caso de mayor complejidad, que son: la inversión propiamente dicha menos lo recuperado (típicamente el valor de venta de la máquina, planta o bienes que se reemplazan), los gastos hasta que sale el primer producto, los activos transferidos (típicamente el espacio ocioso o mal usado que se asigna a la nueva actividad)[2] más el inventario inicial.

La franja inferior señala el avance de lo invertido en el proyecto antes del ejercicio del presupuesto, lo que se prevé gastar en este y lo que quede por invertir en el futuro. En los tres casos se consideran lo previsto originariamente y lo real o la estimación actualizada. El total, sumando las tres "épocas" (pasado – presente – futuro), debe coincidir con el monto del proyecto de la franja media (también actualizado), siendo esta coincidencia el motivo de haber agrupado ambas cuestiones en el mismo gráfico. Por supuesto, en la PyME la tarea suele ser mucho más sencilla, pero estimamos que había que plantear el caso más complejo, habitual en las empresas grandes, para extraer lo que realmente se necesita.

---

2. En empresas grandes este rubro puede generar controversias entre sectores, pues implica (lo cual estimamos correcto) cargar en la nueva actividad el costo de mantener lo que antes estaba ocioso en una actividad en declinación, pese a que financieramente la transferencia es gratuita. En una PyME, por lo general con menos divisiones departamentales, esta cuestión no debería ser tenida en cuenta.

Adelantándonos al Anexo II-A sobre el presupuesto público, también aquí rigen las tres "épocas". Con gran claridad lo expone una reciente tesis sobre el tema: "Cuando en el presupuesto se incluyan créditos, para contratar obras o servicios o adquirir bienes, cuyo plazo de ejecución exceda el ejercicio financiero, se debe incluir información sobre los recursos invertidos en años anteriores, los que se invertirán en el futuro y sobre el monto total del gasto, así como los respectivos cronogramas de ejecución física" (propuesta de Ley de Administración y Control del Sector Público No Financiero de la provincia de La Pampa –subsistema de presupuesto–) [3].

Cabe preguntarse si son frecuentes en las PyMEs estos tipos de inversiones. La respuesta, enfáticamente, es que a veces no pero muchas otras sí: depende en gran medida del ramo. Raros son los emprendimientos que no requieren una importante inversión inicial (muchas veces financiada por el emprendedor mismo o su familia), y no hay nada más pernicioso en materia de planeamiento que encarar la inversión sin estudiar antes la viabilidad del emprendimiento.

---

3. Del maestrando Mauro Pérez Vaquer: "Planeamiento para el desarrollo e implementación de un sistema de información para mejorar el control y optimizar la gestión en la Administración Pública de la Provincia de La Pampa" (Universidad Nacional de La Pampa, Facultad de Ciencias Económicas y Jurídicas, 2012), pág. 146.

CAPÍTULO 10

PRESUPUESTO DE UN PROYECTO
A VENDER

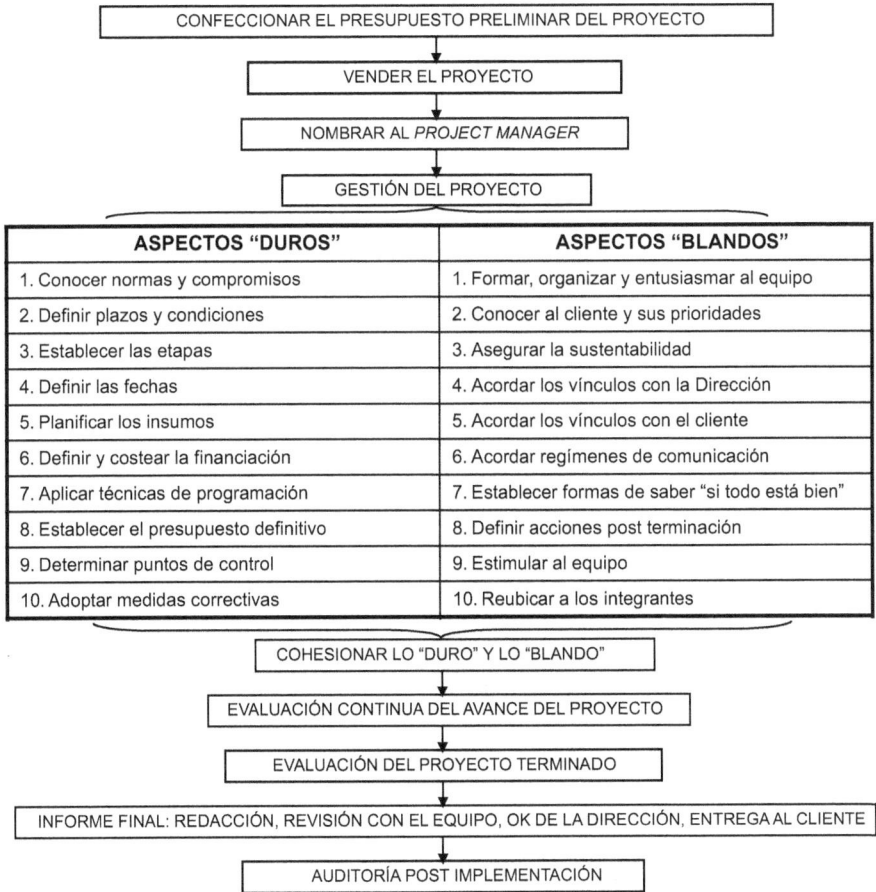

CONFECCIONAR EL PRESUPUESTO PRELIMINAR DEL PROYECTO

VENDER EL PROYECTO

NOMBRAR AL *PROJECT MANAGER*

GESTIÓN DEL PROYECTO

ASPECTOS "DUROS"	ASPECTOS "BLANDOS"
1. Conocer normas y compromisos	1. Formar, organizar y entusiasmar al equipo
2. Definir plazos y condiciones	2. Conocer al cliente y sus prioridades
3. Establecer las etapas	3. Asegurar la sustentabilidad
4. Definir las fechas	4. Acordar los vínculos con la Dirección
5. Planificar los insumos	5. Acordar los vínculos con el cliente
6. Definir y costear la financiación	6. Acordar regímenes de comunicación
7. Aplicar técnicas de programación	7. Establecer formas de saber "si todo está bien"
8. Establecer el presupuesto definitivo	8. Definir acciones post terminación
9. Determinar puntos de control	9. Estimular al equipo
10. Adoptar medidas correctivas	10. Reubicar a los integrantes

COHESIONAR LO "DURO" Y LO "BLANDO"

EVALUACIÓN CONTINUA DEL AVANCE DEL PROYECTO

EVALUACIÓN DEL PROYECTO TERMINADO

INFORME FINAL: REDACCIÓN, REVISIÓN CON EL EQUIPO, OK DE LA DIRECCIÓN, ENTREGA AL CLIENTE

AUDITORÍA POST IMPLEMENTACIÓN

Elaboración: E. G. Herrscher

Figura 9

A diferencia del capítulo precedente, aquí nos referimos a un proyecto para presentar a otra entidad, concretamente para **vender a un cliente**; de tal modo que aparece un elemento competitivo: nuestro proyecto compite con otros. Así, desde la óptica del director del proyecto (*project manager*) se presentan dos instancias de control y aprobación: la de la propia empresa y la del cliente. De ahí que, pese a las grandes similitudes, sea importante distinguir claramente aquellos proyectos "internos" de la sección anterior de estos que son "externos".

En principio, no todos los negocios funcionan a través de este tipo de proyectos. Excepto las operaciones especiales de gran envergadura, en las actividades comerciales, profesionales, agropecuarias y en muchas otras se venden bienes o servicios, pero no proyectos. En cambio, la construcción de grandes edificios, barcos, fábricas llave en mano y demás operaciones que no se realizan "para stock" sino a pedido, vendidas antes de empezar, funcionan a través de proyectos como los aquí descritos. Por otra parte, se dan casos mixtos: por ejemplo, un proyecto habitacional donde la mayoría de las viviendas serán para el futuro dueño del edificio pero algunas otras le quedarán al constructor para vender por su cuenta (lo cual convendrá tratar como proyecto externo).

Asimismo, se dan ocasionalmente proyectos para "clientes internos" (nunca mejor empleado este término): la empresa, ya sea para aprovechar una estructura de proyectos externos existente o porque su envergadura lo aconseja, decide tratar una construcción propia *como si fuera para otro,* en cuyo caso se superpone lo dicho en este apartado con lo desarrollado en el anterior. Si bien en este ejemplo no existe "necesariamente" el elemento competitivo, proponemos incorporar este aspecto; vale decir que también el cliente interno, candidato privilegiado para hacer la obra, deba competir con uno o varios posibles oferentes "de afuera"[1].

---

1. Nuestro admirado Russell Ackoff, en un famoso argumento que desarrolló en varias de sus conferencias con el título "La empresa de hoy necesita una

Según se aprecia en la parte superior del gráfico, en el comienzo ¡hay que vender el proyecto!, empezando por buscar el cliente[2] (a menos que él nos esté buscando a nosotros). Entonces, se plantea una gran contradicción: para vender hay que dar un precio, para lo cual hay que estimar el costo. Pero en estos proyectos, por lo general sumamente complejos, la estimación del costo es la parte más ardua (y costosa) del trabajo, y para hacerla a fondo por lo común se espera que la operación se haya concretado, es decir, que el proyecto esté vendido. Es el problema del huevo y la gallina. La solución es dividir el trabajo en dos: en principio crear un anteproyecto con estimaciones preliminares que no originen demasiado gasto (que de no concretarse la venta irá a pérdida) y recién una vez vendido el proyecto realizar la estimación definitiva con todos los aspectos técnicos, económicos, financieros y operativos (cuyo gasto de preparación irá en el precio). Sin embargo, cuando la competencia es muy aguda el camino no es ese: el precio a cotizar no se basa en el costo estimado, sino en la "inteligencia" de lo que ofrecerán los competidores, o sea, en lo que haga falta para ganar la licitación; luego, la estimación definitiva de los costos tendrá que demostrar que a ese precio no se perderá plata.

Cabe dudar si todo esto es aplicable a la PyME. Convengamos que este tipo de operaciones suele requerir recursos materiales, humanos, organizacionales y sobre todo financieros que rara vez están a su alcance. Igualmente, no descartemos esta posibilidad en sus dos variedades: (a) en

---

Perestroika", postulaba la importancia de someter también los proyectos internos a la competencia externa. Caso contrario, tendríamos una economía más parecida a la (entonces) soviética y necesitaríamos una "glasnost" para recobrar el espíritu competitivo.

2. Dice J. Davidson Frame, en *La nueva dirección de proyectos* (Ediciones Granica, Buenos Aires, 2005): "La dirección de proyectos debe centrarse más en los clientes", pág. 33.

trabajos que requieren una súper especialización; y (b) en trabajos que se prestan a ser realizados colectivamente por una red o conjunto de PyMEs.

Un caso típico para una de estas dos variedades, o una combinación de ambas, lo constituyen los emprendimientos surgidos del despido de personal, sea por achicamiento de la planta (pero no del negocio), o por decisión de "comprar en lugar de hacer", tal como ocurrió en el doble proceso de YPF: la opinable privatización primero y la lamentable extranjerización después[3].

Hemos dividido la "gestión del proyecto" (una vez vendido) basándonos en dos aspectos: "duros" (podríamos decir los más "concretos") y "blandos" (los más típicos de las relaciones humanas). Esta división es arbitraria al solo efecto de facilitar el gráfico, aunque obviamente ambos aspectos están interrelacionados y constituyen una sola unidad. Detallamos en cada caso, en forma de "recomendaciones de máxima" (o sea, para la alternativa más compleja, sin necesidad de cumplir con todos los pasos si no hacen falta), los puntos a tener en cuenta.

Señalemos las principales etapas dentro de los aspectos "duros":

a) conocer todas las normas legales, contractuales, administrativas (de la propia empresa y del cliente) y de "buena práctica" relevantes para el proyecto;

b) conocer (o definir) todos los plazos, condiciones de calidad y aprobaciones, tanto parciales como finales, establecidas (o a establecer) con el cliente;

---

3. Según pudimos entender en conversaciones con el expresidente de YPF Roberto Monti, en ocasión de participar en nuestro libro *Contabilidad y Gestión* (Macchi, Buenos Aires, 2002), gran parte de los 40.000 despedidos siguieron haciendo lo mismo que antes pero desde fuera: se estima que la mitad logró consolidarse como proveedor de su antiguo empleador mientras la otra mitad fracasó por falta de criterio empresarial (quizás –decimos nosotros– por falta de presupuesto).

c) establecer las etapas del proyecto y definir los "entregables" comprometidos (o a comprometer) con el cliente;

d) definir la secuencia de actividades y sus fechas previstas de inicio y terminación;

e) conocer o planificar los insumos necesarios, sus posibles fuentes, costos y fechas requeridas;

f) utilizar las técnicas de programación más adecuadas, tales como PERT, Camino Crítico[4], Cadena Crítica, Gráfico Gantt y software específico;

g) establecer los puntos de control de avance y asignarles tanto responsables como fechas previstas;

h) adoptar las medidas correctivas en caso de desvíos respecto de lo planificado[5];

i) definir la financiación del proyecto y establecer su costo;

j) ratificar el presupuesto definitivo del proyecto;

k) redactar el informe final.

Señalemos las principales etapas en forma de recomendaciones dentro de los aspectos "blandos":

a) nombrar al *project manager*;

b) convocar al equipo del proyecto;

c) entusiasmar al equipo (es esencial generar un espíritu casi de aventura, sobre todo cuando se transita terrenos nuevos);

---

4. Cuando estas técnicas aún no eran muy utilizadas por los contadores, el autor las aplicó en la confección de un balance general que por diversos motivos debía estar terminado lo antes posible. Véase Herrscher, Enrique. G.: "Aplicación de la programación por Camino Crítico a las tareas de un balance general", en *Esquema para Ejecutivos*, 17/18, Buenos Aires, 1963, págs. 89-100.

5. Excepto que el precio pactado sea ajustable en función de desvíos (generalmente acotados a determinados casos, véase Anexo II-G), estos tienen consecuencias más graves de los que ocurren en el presupuesto anual (ya que van a pérdida) y por lo tanto están sujetos a controles más severos. En cambio, cuando existen tales cláusulas de ajuste, esos desvíos pueden ser "un buen negocio", lo cual –si es adrede– nos parece una mala práctica.

d) organizar el equipo (quién está a cargo de qué, sin dejar de ser un equipo unido donde todos colaboran con todos);

e) establecer responsabilidades en el equipo;

f) saber quiénes son las personas clave (para el proyecto) en la empresa cliente;

g) comprender las necesidades y prioridades del cliente;

h) conocer las limitaciones del cliente;

i) acordar quiénes serán los vínculos con la dirección de la propia empresa y con los responsables del cliente;

j) acordar el régimen de comunicación con la dirección de la propia empresa y con los responsables del cliente;

k) establecer formas de saber si "todo está bien" con el cliente;

l) establecer formas de saber si "todo está bien" con los miembros del propio equipo;

m) establecer los procesos de control y utilizarlos como aprendizaje;

n) establecer una política de "sin sorpresas" (y si hay problemas, avisar enseguida)[6];

ñ) definir vínculos y contactos permanentes con el cliente una vez terminado el proyecto;

o) prever recompensas especiales a integrantes del equipo;[7]

p) prever la reubicación de los integrantes del equipo una vez terminado el proyecto[8].

---

6. Cuando ITT era la séptima empresa más grande del mundo, su primera norma decía: "Lo inadmisible no es el error ni el problema, sino la falta de comunicación".

7. Haines, Stephen; McKinlay, James: *Reinventing Strategic Planning. The Systems Thinking approach*®. Systems Thinking Press, San Diego, 2009. Este reciente libro, muy en línea con nuestras ideas, aporta bajo *"rewards for total performance"* buenos argumentos para la remuneración de esfuerzos colectivos; véanse págs. 157-158.

8. Es frecuente que las personas asignadas (salvo en empresas donde un sector está a cargo de continuos proyectos) duden si es un premio (con perspecti-

El proceso termina con tres etapas de suma importancia, unas veces simultáneas y otras sucesivas:

q) evaluación y aprobación del proyecto terminado, a cargo de la dirección de la propia empresa (salvo que el jefe del proyecto tenga autoridad para hacerlo);

r) evaluación y aprobación del proyecto terminado, a cargo del cliente;

s) entrega al cliente de la obra terminada (la cosa objeto del proyecto, muchas veces una planta llave en mano), en ocasiones tras una secuencia de pruebas y sus correspondientes conformidades, y otras veces mediante un período de prueba en forma conjunta de contratista y cliente.

Al igual que en los proyectos propios para inversión en bienes de capital, nos parece sumamente importante tras un lapso, por ejemplo de un año, realizar una "auditoría pos implementación", con o sin participación del cliente (aunque, en tal caso, con su autorización), a fin de verificar que se hayan cumplido en el funcionamiento los objetivos del cliente, así como para extraer enseñanzas al respecto.

---

vas de desarrollo) o un castigo (con posibilidades de quedar afuera cuando el proyecto termine). Ocuparse de esto con la debida anticipación es una de las claves de la responsabilidad social de una empresa. Véase el Anexo II-E.

CAPÍTULO 11

CÓMO RECONOCER SI UN PRESUPUESTO ES SISTÉMICO

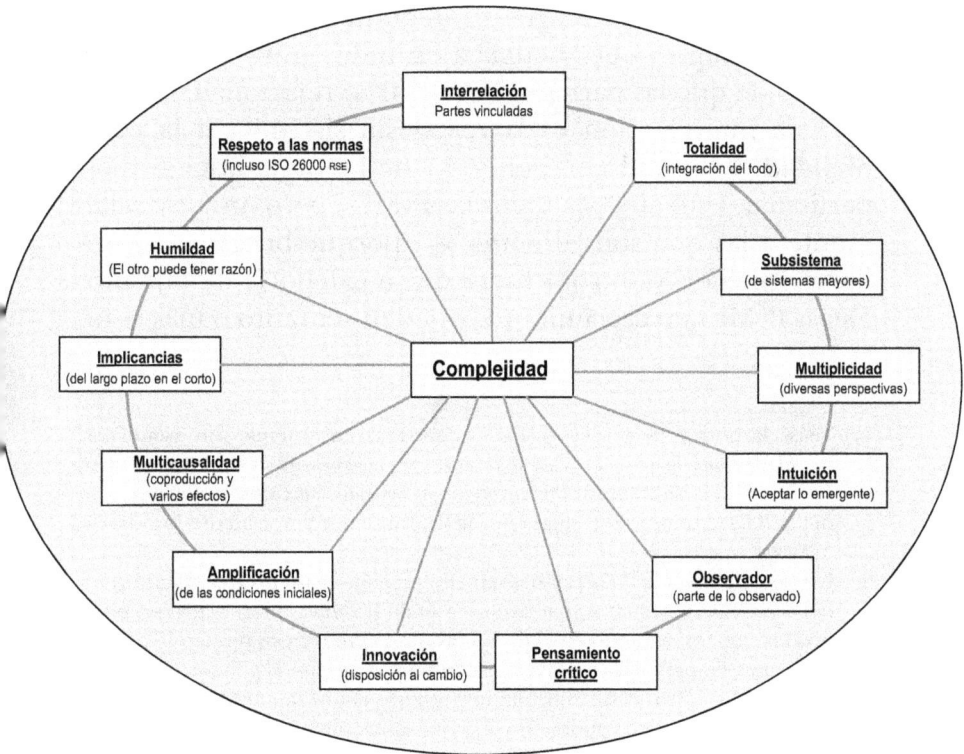

Elaboración: E. G. Herrscher

Figura 10

La principal condición para que un presupuesto se considere "sistémico"[1] es reconocer que **sus partes están integradas**, que no hay sectores estancos separados del resto, y que si cambia una de las variables, muchas de las otras cambiarán también. Por lo tanto, una de las primeras preguntas que debe hacerse toda persona involucrada en la gestión presupuestaria es: **"si cambio esto ¿qué otra cosa cambiará?"**. Lo relevante es que muchos de esos "otros" cambios ocurrirán "lejos" del sector de aquel cambio original en cuestión[2]. Es por ello que la gestión presupuestaria es tan importante para desarrollar en todos los integrantes el sentido de **trabajo en equipo** y pertenencia a un todo, junto al reconocimiento de que las partes se encuentran relacionadas.

Esta interrelación es la **respuesta sistémica a la complejidad** del mundo en general y de las organizaciones en particular. Esto afecta a todas las PyMEs, pero muy especialmente a las que son "dinámicas", porque buscan desarrollarse y crecer[3] dentro o fuera de su categoría de tamaño. Estas "PyMEs en crecimiento" pueden ser tanto o más com-

---

1. Véase la nota 6 del Prefacio. Para adentrarse en el tema, son esenciales: (a) el *Diccionario de teoría general de sistemas y cibernética* (GESI, Buenos Aires, 1992) y (b) la *International Enciclopedia of Systems and Cybernetics* (Saur, Munich, 2004), ambos de Charles François, fundador y presidente honorario del GESI.
2. Un caso típico es la incorporación o eliminación de un producto importante en el plan de ventas impactando en el de producción o, viceversa, el de producción impactando en el de ventas, y en ambos casos pudiendo afectar los planes de personal, de inversión en bienes de capital y financiero. Pero puede haber otros casos. En una importante empresa metalúrgica con un excelente clima de colaboración, encontramos, sin embargo, que el sector Inventarios sufría grandes problemas por falta de un adecuado sistema de suministros pendientes de entrega. Nadie sabía que el sector Informático estaba casi terminando un proyecto al respecto. Cuando en la reunión se le preguntó al gerente de IT por qué no lo había dicho (y trabajado en equipo) dijo, con toda inocencia: "Queríamos que fuera una sorpresa".
3. Ya hemos mencionado que desarrollo y crecimiento no son lo mismo, pero aquí involucramos a ambos.

plejas que empresas más grandes[4] (aunque generalmente sea otro tipo de complejidad).

En consecuencia, nos parece útil brindar a los lectores "recomendaciones sistémicas" que en muchos casos podrán elevar la calidad de la gestión presupuestaria. Muchas de ellas no son privativas del enfoque sistémico, ya que se las comparte ora con "la buena conducción" en administración, ora con "un eficaz planeamiento". Sin embargo, son ante todo indispensables desde la óptica sistémica. Enfatizamos las siguientes:

a. ser conscientes de que nada sucede en las organizaciones en forma aislada, pues todo está interrelacionado;

b. percibir que muchas de estas interrelaciones son complejas, en el sentido de que intervienen posturas o intereses contrapuestos con efectos que no siempre son inmediatos sino que a veces son remotos en el tiempo;

c. dar un paso atrás para ver "el todo", la síntesis del negocio o del propósito social, en lugar de ver tan solo las partes de la estructura del emprendimiento;

d. comprender que el sistema presupuestario –compuesto por los subsistemas Presupuestación (proceso), Presupuesto (producto) y Control Presupuestario (resultado)– es a su vez un subsistema de un sistema mayor, que es la empresa u organización que está siendo presupuestada, la cual a su vez es un elemento del sistema social, político, económico, cultural y ecológico en cuyo ámbito funciona;

e. ver las múltiples perspectivas de determinada situación o problema sin tener miedo a las contradicciones;

---

4. La principal conclusión de la investigación mencionada en la nota 4 del Capítulo 1 es que aparece un tipo muy particular de complejidad cuando una entidad cambia de categoría: de emprendimiento unipersonal a microempresa, de esta a empresa pequeña, y de esta a mediana.

f. captar toda la información relevante, no solamente desde lo fáctico que viene del pasado sino también desde lo intuitivo que apunta al futuro.

g. reconocer que como presupuestadores no somos "neutrales", sino que somos parte (más allá de nuestro vínculo laboral) del sistema que estamos presupuestando;

h. entender que para liderar un proceso de presupuestación –sobre todo si representa un cambio rotundo con el "antes"– debemos apelar al aprendizaje colectivo y a la acción mancomunada. José Luis Roces[5] indica, como uno de "los errores más comunes: asumir que la transformación la puedo hacer solo, sin ayuda de nadie";

i. poner en duda premisas y variables sometiéndolas a examen crítico y al "¿qué pasaría si...?";

j. tener la valentía de modificar lo planeado cuando se han alterado premisas importantes del presupuesto;

k. saber librarse del "más de lo mismo" y en cambio estar abierto a nuevas oportunidades, ideas, tecnologías y/o mercados, provengan o no de la etapa de planeamiento estratégico;

l. abandonar toda pretensión de "verdad absoluta", las estimaciones inflexibles y la rigidez, sin por eso abandonar los valores esenciales de la organización. Dicen Alberto R. Levy y Alberto L. Wilensky[6]: "De nada sirve una estrategia tan rígida que no pueda adaptarse a las cambiantes condiciones internas y externas. Pero tampoco sirve una formulación tan flexible que oscurezca la toma de decisiones";

m. prever que a veces cambios muy pequeños en alguna variable inicial pueden producir luego grandes cambios en el tiempo;

5. En *El líder vital* (Temas, Buenos Aires, 2005), pág. 107.
6. En *Cambio. Estrategias para crear valor económico* (Tesis, Buenos Aires, 1988), pág. 177.

n. aceptar la multicausalidad, vale decir que en los fenómenos sociales rara vez hay causas únicas sino que en la mayoría de los casos los fenómenos son "coproducidos" por múltiples factores;

ñ. admitir que a veces los efectos, tanto los inmediatos como los remotos, "vuelven sobre sus pasos" e impactan sobre sus causas, siendo esta realimentación o retroalimentación uno de los factores de la complejidad;

o. tomar en cuenta tanto el corto como el largo plazo. Pese a que el presupuesto es mayormente anual (corto plazo), implementa o continúa iniciativas estratégicas que alguna vez quizás fueron de largo plazo;

p. asumir con cierta dosis de humildad el limitado alcance del planeamiento en general, y del presupuesto en particular. No todo es planificable, hay procesos emergentes que surgen de sucesos imprevistos;

q. aspirar a que quienes están a cargo de la gestión presupuestaria sepan difundir –desde la honestidad de su propio compromiso– el concepto del presupuesto como obra de todos, de trabajo en equipo, y que sus metas no son impuestas autoritariamente sino consensuadas, a veces negociadas y finalmente asumidas como propias por todos (véase Capítulo 5).

Más allá y por encima de estas recomendaciones está, obviamente, la de garantizar que todo presupuesto tenga su sustento ético[7], respete las normas legales vigentes y asimismo cumpla con todo lo dispuesto por la recomen-

---

7. En modo alguno debe subestimarse la importancia del imperativo ético, y mucho menos darlo por sobreentendido o cumplido. Véase Etkin, Jorge: *La doble moral de las organizaciones: los sistemas perversos y la corrupción institucionalizada* (McGraw-Hill, Madrid, 1989)), a nuestro juicio la mejor obra sobre el tema.

dación ISO 26.000 relativa a la responsabilidad social y ambiental[8].

Finalmente, no caigamos en la trampa de creer que hay "dos clases" de presupuesto: el que aquí proponemos y todos los demás. De muy destacados colegas han surgido excelentes escritos –algunos incluso autotitulados "Presupuesto tradicional"– que avanzan significativamente en la dirección indicada en el presente libro[9]. Quizás el distingo no sea tanto nuestro enfoque sistémico (que algunos llaman "integral") sino, en mayor medida, nuestro planteo desde lo administrativo, y no desde lo contable.

---

8. En las "Primeras Conversaciones del Extremo Sur" celebradas en Ushuaia en marzo de 2012, organizadas por las universidades nacionales de la Patagonia y de Tierra del Fuego junto con diversas instituciones sistémicas del continente, el entonces presidente de la International Academy for Systems and Cybernetic Sciences, Matjaz Mulej de la Universidad de Maribor, Eslovenia, desarrolló un profundo testimonio sobre responsabilidad social, tema designado como central para 2012 por dicha Academia.

9. Destacamos, entre otros, el clásico *Presupuesto Integrado* (Macchi, Buenos Aires, 1992) de Osvaldo Mocciaro; el excelente *La Gestión Presupuestaria* (Macchi, Buenos Aires, 2000) de Antonio Lavolpe, Carmelo Capasso y Alejandro Smolje; y el reciente y muy actualizado artículo "Hablemos de un Presupuesto tradicional económico-financiero para la gestión empresaria", de Carlos Jiménez, Ricardo Miyaji y Domingo Macrini, publicado en *Profesional y Empresaria D&G* (Editorial Errepar, Tomo XIII, septiembre de 2012, págs. 951-987).

CAPÍTULO 12

CONCLUSIÓN:
RESCATAR A CENICIENTA

I

En nuestras épocas de estudiante, el presupuesto era un elemento de la contabilidad. Más exactamente, era –junto con el control presupuestario– una de las herramientas fundamentales de lo que en ese tiempo llamábamos imperfectamente, con cierta intención de pioneros[1], *Contabilidad Gerencial*. Sin embargo, para la administración el presupuesto era una especie de Cenicienta que, como consecuencia de su identificación con "lo contable", se mostraba incapaz de integrar el elenco de herramientas estratégicas, merecer investigaciones de alto nivel, e "ir al baile con los señores".

Mucha agua corrió bajo el puente desde aquella lejana época. Hoy en día ubicamos el presupuesto netamente

---

1. Algunos memoriosos recordarán la Conferencia Interamericana de Contabilidad en Mar del Plata en 1965, donde el autor presentó, contra la opinión de gran parte de las principales consultoras del ramo, el concepto de "Contabilidad Gerencial", más cercano a las necesidades de la gestión interna que de la información externa, noción absolutamente en vigor. Para una versión actualizada, véase Herrscher, Enrique G. y otros: *Contabilidad y Gestión. Op. cit.*

dentro del campo de la administración (sin desmedro de su contenido contable), como elemento básico de una de las dos facetas del planeamiento. Así, la variante operativa con su "hermana mayor", la variante estratégica[2], constituye la dupla inseparable que conforma el planeamiento de las organizaciones.

Confiamos que este libro: (a) contribuya a afirmar el valor del presupuesto para la conducción y administración de las organizaciones, (b) brinde sobre todo a las PyMEs el empujón que necesiten para desarrollarse, y (c) pueda "rescatar a Cenicienta".

II

No le ha sido fácil al presupuesto "ascender de categoría", fundamentalmente porque desde siempre el planeamiento estratégico ha llevado la delantera. Sin duda tiene "mejor prensa", hasta el punto que, en el ambiente académico, cuando se habla de *planeamiento* en general se hace referencia al planeamiento estratégico. ¿Por qué sucede esto? Aventuramos cinco motivos principales.

1. En los Estados Unidos de América donde se publican (fuerza es reconocerlo) los textos más prestigiosos de administración, casi nadie escribe sobre presupuesto, pues allí hasta el negocio más primitivo o pequeño cuenta con esta herramienta. Están "de vuelta" cuando nosotros **estamos "de ida"**.

2. Mientras que el planeamiento estratégico es –a nuestro juicio– eminentemente cualitativo, orientado mayormente a la innovación y al cambio, el presupuesto,

---

2. La distinción entre lo estratégico y lo operativo representa uno de los pilares de lo que consideramos el concepto sistémico del planeamiento. Véase: *Planeamiento sistémico. Op. cit.*

como todo elemento del planeamiento operativo, es **mayormente cuantitativo**. Al respecto, muchas empresas –sobre todo las PyMEs– tienen dos problemas: (a) "para atrás", los datos históricos no son confiables cuando hubo evasión impositiva falseando la contabilidad, y (b) "para adelante", las estimaciones monetarias (en moneda local) se complican en épocas inflacionarias y/o de devaluaciones.

3. En el ámbito académico, y sobre todo en el empresarial, nos sentimos más "cómodos" con las grandes estrategias que se dirimen en niveles superiores, muchas veces en "*petit* comité" o aun en forma unipersonal; y menos "cómodos" en el nivel operativo, que requiere involucrar a muchos interlocutores y prácticamente a **todos los sectores**.

4. Sobre la base de antiguas prácticas, rígidas y burocráticas, del presupuesto de antaño, ha surgido una corriente "antipresupuesto", llamada "*beyond budgeting*" ("más allá del presupuesto") que aporta a nuestro juicio una **bienvenida actualización**. No obstante, en lugar de incorporar sus propuestas a la manera de mejora continua, descalifica la herramienta como si esta fuera incapaz de modernizarse (véase el Prólogo II y la referencia al mismo en nuestro Prefacio).

5. Tanto en lo estratégico como en lo operativo nos enfrentamos a un altísimo nivel de **incertidumbre** de modo distinto: mucho mayor en lo estratégico pero con menor responsabilidad respecto de los desvíos (ya que mayormente están lejos en el tiempo); mientras que en lo operativo hay menor incertidumbre (las variables en promedio estarán a año y medio de plazo de cumplirse) pero con mucha mayor exposición (pues a nadie le gusta equivocarse en el corto plazo).

III

Frente a estos inconvenientes relacionados con problemas de imagen y desconfianza en los números, postulamos que las presuntas desventajas comportan en realidad cuatro ventajas u oportunidades, las cuales convierten el presupuesto en una pieza fundamental de la gestión empresaria.

1. Para nuestra escala de empresas –especialmente nuestras PyMEs– resulta fundamental contar con un instrumento que muestre la **"viabilidad teórica"**: si al menos cumpliéndose las premisas utilizadas, la operación conducirá a resultados favorables para todos los involucrados[3].

2. En el caso de las PyMEs, ante la frecuente crítica de que se basan en la improvisación, tener para mostrar el presupuesto vigente y del período siguiente, por ejemplo al pedir un préstamo, al encarar un convenio o al abrirse al mundo, significará **mostrar seriedad** y, con alta probabilidad, la diferencia entre un sí y un no.

3. En aquellas empresas (grandes, medianas o chicas) donde la gestión está desintegrada (porque cada sector hace "la suya"), el presupuesto (más exactamente el proceso de presupuestación) será el instrumento ideal para relacionar entre sí a todos de los sectores y **promover la cohesión** de la empresa como un todo.

4. En algunas típicas empresas de familia, colegas o amigos, en las cuales "todos hacen todo", llega un momento de expansión, crecimiento o mayor complejidad cuando deben pasar de una gestión inorgánica a un **manejo más profesional**. Sin embargo, no podrán hacerlo sin un proceso de presupuestación

---

3. Llamamos "involucrados" (*stakeholders*) a todos los que dependen de ("apuestan a") dichos resultados: no solo dueños o accionistas, sino también personal, proveedores, clientes y afectados social o ecológicamente.

que prepare el terreno, señale funciones y metas, oriente a los nuevos colaboradores y genere en todos los niveles un sentido de anticipación, participación, trabajo en equipo y logros compartidos.

IV

En ese sentido, el presupuesto es mucho más que un documento. Es la expresión de una cultura empresarial y humana que se manifiesta principalmente a través de cuatro propiedades.

1. Vencer el **"miedo a la incertidumbre"** (que en cierta manera es el miedo a la muerte). Es, como dice Edgar Morin[4], estar preparado tanto para lo probable como para lo improbable. Como no sabemos "lo que vendrá", nos refugiamos en el hoy. El presupuesto (y mucho más aún el planeamiento estratégico), al obligarnos a pensar en un futuro que no conocemos, expande nuestro horizonte, incluso cuando en este caso solo sea entre uno y dos años. No es mucho, pero para algunos es una revolución.

2. Vencer el **"miedo a los errores"**. Sabemos que de los errores se aprende, pero desde pequeños se nos dice que el error "es malo" y nos enseñan a ocultarlo para que "no se note"[5]. El control presupuestario (el análisis de los desvíos) no busca castigo, sino aprendizaje. Se trata de un verdadero cambio de paradigma respecto de los desvíos, basado en uno de los famosos

---

4. Véase Morin, Edgar: *Mi camino* (Gedisa, Barcelona, 2008), pág. 224.
5. Ese fue el tema del inolvidable discurso que nos brindó Russell Ackoff, el padre de la aplicación del enfoque sistémico a las organizaciones, en la 49ª reunión anual de la *International Society for the Systems Sciences* (ISSS), su última intervención en la ISSS.

aforismos de Russell Ackoff: "Los directivos no pueden aprender de lo que hacen bien, solo de lo que hacen mal"[6].

3. Vencer el **"apego a la exactitud"**. En el planeamiento son pocos los casos donde importa "el número exacto". Casi siempre será suficiente un "más o menos", los números probables, los posibles (estos últimos propios del ámbito de la matemática borrosa). Un veinte por ciento de desvío es significativo, un dos por ciento (salvo que sea acumulativo) no lo es.

4. Vencer la **"tendencia a las quintitas"**. Cuando en lugar del óptimo del conjunto cada uno busca el óptimo de su sector y privilegia la defensa de su territorio se termina, por caso, fabricando lo que no se vende y vendiendo lo que no se produce. Nada mejor que el presupuesto para desarrollar a lo largo de toda la organización la posibilidad de actuar sistémicamente, la visión holística del conjunto y el trabajo en equipo.

V

El proceso de presupuestación tiene dos partes estrechamente relacionadas pero bien identificadas: las llamaremos "la negociación" y "la mecánica".

La primera, la **negociación**, es indudablemente la más relevante y, al mismo tiempo, la más difícil. Partimos de la premisa de que el presupuesto no es un úcase, un mandato sin discusión que viene "de arriba", sino un trabajo compartido, un ejercicio colectivo que respeta líneas de autoridad pero en el que se escucha a todos. Para cada función y cada actividad hay que vincular las expectativas y necesidades fi-

---

6. En *Management f-Laws. How organizations really work*, pág. 113 (traducción nuestra). *Op. cit*, nota 5, Cap.1.

nancieras de "los de arriba" con las posibilidades y sugerencias de "los de abajo"[7], y llegar a acuerdos con los respectivos responsables. **Ni "imposición a ultranza" por parte de la dirección ni exageración de "colchones de seguridad" de quienes están a cargo** (que convertirían el presupuesto en un programa de ineficiencias).

Lo segundo, la parte **mecánica** de volcar los números acordados en un modelo operativo coherente, cuenta hoy con la bendición (¡y la maldición!) de un instrumento informático: el Excel. Bendición, porque se ha vuelto muy fácil volcar los números a las planillas del presupuesto y cambiarlos cuando hayan cambiado las circunstancias o las expectativas. Maldición, porque es igualmente fácil modificar tales números no en función de observaciones lo más objetivas posibles, sino forzando premisas arbitrariamente "para que dé" el resultado esperado. Eso no es planeamiento, es manipulación, vale decir: engañar a otros y a sí mismo. En otras palabras, una planilla de Excel, maravillosa herramienta, no es más que una planilla. No es un presupuesto con su carga de riesgos, oportunidades, acuerdos, revisión de rutinas e implementación de planes estratégicos.

VI

¿Por qué decimos en el subtítulo de este libro "clave para la supervivencia de emprendimientos y PyMEs? Porque las empresas pequeñas y sobre todo **las empresas medianas son muy vulnerables**. Una gran corporación puede "aguantar" un fracaso o bajón significativo en alguna de sus actividades, ya que por lo general tiene varios proyectos, productos y mercados, y la caída de uno de ellos comúnmente no hace mella en su

---

7. Los términos "los de arriba" y "los de abajo" los hemos tomado del delicioso libro *Seeing Systems*, de Barry Oshry. *Op. cit.*, nota 1, Cap.5.

existencia global. Por el contrario, la mayoría de las PyMEs dependen de una línea de productos, un tipo de mercado, un proyecto pasado o futuro. Toda caída importante afecta su posibilidad de supervivencia, y operar sin referencia a un plan, por endeble que sea, puede significar su desaparición.

La empresa grande hace tiempo que se maneja con presupuestos anuales debido a que su complejidad –léase distintas sedes, sucursales, líneas de negocios, globalización– lo exige (ciertamente, no los presupuestos rígidos y formales de antaño, más bien la versión moderna y sistémica actual). En cambio, las empresas medianas y pequeñas, en muchos casos, han podido prescindir de este instrumento, pero la **creciente complejidad** (léase en este caso variables locales e internacionales en continuo cambio, exigencias legales, sociales y ecológicas, nuevas tendencias, costumbres y tecnologías) hace que también para ellas un presupuesto ágil y adecuado a su tamaño sea imprescindible. Más todavía si la PyME pretende ocupar un nicho competitivo a nivel de "los grandes", jugar el partido en el terreno mundial (los que en Europa llaman "los pequeños gigantes") o afrontar un cambio generacional, de estructura familiar o de crecimiento, que la obligue a llevar una **conducción más profesional** sin perder su agilidad ni proverbial empuje.

VII

Finalmente, confiamos haber hecho honor a nuestro capítulo introductorio: "La estrategia de la Estrategia". En efecto, para sorpresa de muchos, **no es en base al planeamiento estratégico sino en base al presupuesto anual que se implementan concretamente los grandes cambios**[8], junto con los

---

8. Dice Rosabeth Moss Kanter en *Reinventing Strategic Planning*, de los ya mencionados S. Haines y J. McKinlay : "Sobrevaluando 'estrategia' (que muchas empresas identifican con grandes ideas y grandes decisiones) a la vez que

negocios en marcha. La formulación de Estrategias (con mayúscula) y el diseño del modo y la oportunidad de implementarlas (el presupuesto), vale decir la estrategia (con minúscula) de su puesta en práctica, son dos enfoques diferentes: la primera con una visión de más largo plazo, la otra "bajando a tierra" para el año venidero, ambas absolutamente vinculadas porque esta implementa las ideas de aquella.

El vínculo entre ambas, que no es de subordinación sino de interrelación de las partes de un sistema integrado de planeamiento (la primera desde la lógica de la innovación, la segunda desde la lógica de la practicidad y viabilidad), conforma uno de los mensajes más fuertes que este libro intenta brindar para sostén y desarrollo de los emprendimientos y las PyMEs de nuestro país.

---

infravalorando su ejecución, llevará no solamente a implementaciones deficientes sino también a malinterpretar las razones para el éxito o el fracaso", pág. 239 (traducción nuestra). *Op. cit.*, nota 7, Cap. 10.

EL PROCESO
DE PRESUPUESTACIÓN

Este **no es un "libro contable"** ni se dedica a explicar el "cómo" sino **principalmente el "para qué"** de la gestión presupuestaria. Sin embargo, consideramos importante explicitar algunas claves acerca de lo que podríamos llamar la "mecánica" del proceso de presupuestación. De allí que en este anexo desarrollemos, aunque sea brevemente, dos ejes temáticos.

En primera instancia, hay tres elementos típicos del proceso presupuestario que hemos tratado en otro libro[1] y que necesitamos ampliar aquí para completar el panorama. Ellos son: las **preguntas básicas** que nos debemos hacer, las **etapas esenciales** de la presupuestación y la consideración de los **recursos** requeridos.

En segunda instancia, hay **aspectos técnicos** "netamente contables" que integran la gestión presupuestaria, aun cuando esta pertenezca –como postulamos– al herramental de la administración de organizaciones. Son cinco temas principales que están –deben estar– a cargo de profesio-

---

1. En *Planeamiento sistémico. Op. cit.*, págs. 248, 249 y 252.

nales contables[2] para quienes existe una amplia bibliografía especializada, y que abordaremos someramente al no influir en las hipótesis de este libro ni estar afectados por ellas. Nos referimos a los temas de la **financiación**, de los **impuestos** y la **inflación,** junto a otros dos que requieren una breve explicación: los llamamos "**flujos y stocks**" y "**otros rubros operativos**".

A continuación nos referiremos a estas cuestiones que, si bien pertenecen al "cómo", deben ser tenidas en cuenta en lo administrativo y no solo en lo contable.

---

2. Sin desmedro de la creciente ampliación del campo de actuación de los contadores, siempre y cuando traigan a este campo una visión administrativa. Sin entrar en cuestión de incumbencias, es indudable que en las PyMEs muchas veces no suele haber lugar para más de un profesional de ciencias económicas.

A – LAS PREGUNTAS BÁSICAS

Antes de encarar las clásicas planillas Excel[1], conviene hacernos (y tratar de contestarnos) algunas preguntas que nos orienten en el *para qué, para quiénes* y *por qué* presupuestamos. Son cuestiones de fondo, aplicables por igual a organizaciones de cualquier tamaño y objeto social, desde pequeños emprendimientos y PyMEs hasta grandes empresas, clubes de fútbol, cooperativas o entidades del sector social.

- **Escenario:** ¿cómo vemos el panorama (en los ámbitos cubiertos por nuestras actividades) para el año que viene? ¿Es parecido o distinto del que tuvimos en mente cuando planteamos las estrategias a más largo plazo[2]?

- **Tema:** ¿hay algún énfasis especial que queremos impulsar para el año siguiente?[3]

---

1. Ya mencionamos la zozobra que nos causa en nuestras clases de planeamiento en diversas maestrías, que un alumno presente esas planillas –con todo lo útiles que son para los cálculos– como si fueran el presupuesto.
2. Seguimos sosteniendo la conveniencia de tratar separadamente las estrategias más allá del año (pero incluyendo las del siguiente) del plan operativo manifestado por el presupuesto, tal como es propuesto en *Planeamiento sistémico*, salvo que la (improbable) ausencia de todo cambio lo haga innecesario.
3. Pese a tratarse de valores permanentes, hemos visto grandes éxitos cuando se promovió, por ejemplo, el "año de la calidad" o el "año de la puntualidad", sobre todo si tal valor era vital para el negocio y se estaba debilitando.

- **Estrategia:** ¿a cuál (o cuáles) estrategia(s) de cambio queremos (podemos) dar prioridad para el año venidero, en función de nuestras posibilidades y en detrimento de cuáles otras[4]?

- **Táctica:** ¿hay algún cambio que debamos prever en nuestras tácticas de implementación de estrategias[5]?

- **Organización:** ¿estimaremos necesario algún cambio en la estructura o en su diseño de funcionamiento, que origine modificaciones en el gasto?

- **Capacidad:** ¿hay equipos o plantas que en el siguiente período convenga cambiar, agregar o descartar?

- **Rutina:** ¿hay alguna modificación que, más allá de nuevas estrategias, convenga realizar con respecto a lo que "siempre se venía haciendo"[6]?

- **Información:** ¿hay nueva información –o modo de obtenerla– que debamos considerar para saber si estamos logrando los objetivos planteados?

- **Ética:** ¿hay (quizás el punto más importante) nuevas normas vigentes[7] o autoimpuestas[8] que afecten los próximos ingresos, gastos o inversiones?

---

4. Esto es, como se ha dicho, particularmente importante en las PyMEs, que rara vez pueden encarar varias estrategias a la vez, y cuyo mayor peligro es comenzar proyectos que luego no puedan terminar.

5. En general, no somos proclives a emplear el concepto "táctica" (por los motivos anotados en *Planeamiento sistémico*), reservándolo para el planeamiento en el ámbito militar. Hacemos aquí una excepción.

6. Véase el Anexo II-E.

7. Como las de seguridad o las de antimonopolio, así como novedades en la legislación impositiva o laboral. En la bibliografía norteamericana no se la denomina "ética" sino "cumplimiento" (*compliance*).

8. Como las de la iso 26.000 y en general todo lo atinente a la responsabilidad social empresaria. Véanse todas las obras de Bernardo Kliksberg, así como lo investigado en la Cátedra Amartya Sen en diversas universidades argentinas. Especialmente de ambos autores: *Primero la gente. Una mirada desde la ética* (Temas, Buenos Aires, 2011).

B – LAS ETAPAS
DE LA PRESUPUESTACIÓN

Sin pretender ser un "manual de presupuestación" (pese al dibujo del Capítulo 1, este libro ciertamente no lo es), estimamos útil señalar a grandes rasgos las etapas de este proceso. En este caso, debemos puntualizar que lo que sigue se aplica esencialmente a organizaciones grandes y complejas[1] mientras que para una PyME bastarán dos o tres de estas etapas: ¡solo las que hagan falta! Y para un emprendimiento sin complicaciones quizás ninguna.

- Traer a colación las estrategias que se previeron implementar en el siguiente ejercicio[2], previo examen para determinar si continúan vigentes. Recomendamos que su síntesis sea la introducción del presupuesto. Queremos destacar este punto, pues constituye uno de los argumentos esenciales de este libro, tanto para el sector privado como para el público. Aun con la constante

---

1. Obsérvese que empleamos estas dos palabras, relativas a tamaño y complejidad, para señalar que son dos atributos muy interrelacionados pero distintos, y que nos referimos a ambas condiciones, no a solamente una de ellas. Véase la obra de Edgar Morin.
2. Véase nota 2 del Anexo I-A.

adaptación a las cambiantes circunstancias, un presupuesto que no esté sustentado por un plan estratégico a largo plazo es un camino seguro a "más de lo mismo".

- Hacerse las preguntas que se señalaron en el punto anterior del Anexo, de las que surgirán las políticas generales.
- En empresas grandes y complejas, preparar instrucciones y formatos a utilizar por los diversos sectores.
- Establecer en forma unificada (o sea centralizada, a veces con ayuda externa) las premisas generales del contexto (ajenas a la voluntad de la empresa).
- Establecer en forma participativa (de manera descentralizada mediante la negociación con los involucrados[3]) las premisas generales internas (atinentes al funcionamiento de la propia organización).
- Consensuar con el o los sectores responsables el plan preliminar de ventas (cantidad de unidades y comparación con las cantidades actuales), que servirá como referencia para todos los demás sectores[4].
- Consensuar con los demás sectores[5] los planes sectoriales consistentes con tal volumen de actividad[6].
- Presupuestar las inversiones, si las hay[7].
- Agrupar –y verificar que estén presupuestados– la totalidad de ingresos, costos y gastos.
- Presupuestar todos los impactos sobre cuentas de activo o pasivo derivados de las operaciones presupuestadas[8].

---

3. Véase Capítulo 5.
4. En la mayoría de los casos, todo gira alrededor del monto de ventas. Cuando no sea así, se tomará como referencia aquel factor que determine el nivel de actividad.
5. Incluido el plan definitivo de ventas, estimando volumen físico, precios promedios y nivel de facturación, así como –en el sector que corresponda– el régimen de cobranzas y las cuentas a cobrar.
6. Véanse capítulos 6 y 7.
7. Véanse Capítulo 9 y –si se diera el caso– Capítulo 10.
8. Ningún presupuesto puede referirse únicamente a ingresos y egresos: debe incluir también el impacto sobre el patrimonio, clave para el plan financiero. Véase Anexo I-G.

- Cotejar los distintos aspectos señalados hasta que sean coherentes entre sí, corregir o negociar lo que no sea compatible y lograr un plan operativo que pueda implementarse para una entidad concebida como una unidad.
- Elaborar la versión final, cualitativa y cuantitativa.
- Obtener la aprobación final, si corresponde[9].
- Diseminar la información presupuestaria aprobada, determinando quién la debe recibir[10].

---

9. Depende de la estructura de mando: si la organización es pequeña, el dueño o socio principal posiblemente se encuentra a cargo del proceso, y este paso desaparece.
10. Un presupuesto que no se conoce es como si no existiera. La decisión de quien lo debe recibir (fundamentalmente, de quien lo debe tratar de cumplir) es de altísima importancia.

C – RECURSOS REQUERIDOS

No hay duda de que la estimación de los recursos requeridos para las operaciones planeadas constituye la médula de un presupuesto, especialmente en las PyMEs, casi siempre escasas de ellos. Dicen Riccardo Riccardi y Leonel Cézar Rodríguez[1]: "Delante de esta exigencia (de la competitividad) la empresa no tiene muchas alternativas: debe plantearse qué necesidades puede satisfacer y no soñar con lo que quiere satisfacer, porque su primer acto será una evaluación absolutamente crítica de lo que tiene y de lo que sabe hacer"[2].

Tras la evaluación, será fundamental la asignación de fondos que permitan acceder a aquellos recursos que se necesitan para el "plan posible", una de las cuatro funciones clave señaladas en el Capítulo 2. En la ya citada obra de Salvador García y Simón L. Dolan[3] –fundamental para lograr un sistema económico sustentable– los autores afirman con énfasis la decisiva importancia de dicha asignación: "La 'seriedad'

1. En *Inteligencia competitiva en los negocios y en las organizaciones* (Macchi, Buenos Aires, 2003), pág. 35.
2. Es la gran diferencia entre lo operativo (el presupuesto) y lo estratégico: en la lógica estratégica, con mayor plazo, vienen primero los objetivos y luego se buscan los recursos.
3. *La dirección por valores* (McGraw-Hill, Madrid, 1997), pág. 227.

de (la) intención de cambio depende de la existencia crítica e imprescindible de un verdadero liderazgo legitimador
que tenga voluntad, compromiso y capacidad de asignar su-
ficientes recursos para su éxito".

En forma esquemática, el siguiente sería un ejemplo del
tipo de recursos necesarios para una empresa manufacturera cualquiera sea su tamaño.

RECURSOS NECESARIOS PARA LA ACTIVIDAD PRESUPUESTADA		
HUMANOS	Funciones fabriles	Disponibilidad de personal Capacitación del personal
	Funciones técnicas	Talento respecto de la tecno-logía. Actualización tecnológica
	Funciones directivas	Equipo gerencial Organización
MATERIALES	Bienes de capital	Locales - Importados
	Materias primas y materiales	Locales - Importados
	Dinero	Moneda local - Divisas
POTENCIALES	Acceso a tecnología	Local - Externa
	Acceso a mercados	Locales - Externos
	Acceso a fuentes de financiación	Locales - Externas

Fuente: elaboración del autor.

D – FINANCIACIÓN

Las finanzas implican, como es sabido, dos aspectos: destino y origen, vale decir a qué se aplican y de dónde se obtienen. De la primera cuestión ya nos hemos ocupado en el Capítulo 2 al hablar del presupuesto como "el que asigna los fondos". Y en este lugar nos referiremos brevemente a la segunda cuestión, o sea, al tema de la financiación. Se trata de un asunto particularmente importante para las PyMEs, que no cuentan con el prestigio de las empresas grandes para obtener créditos, y por ende deben demostrar con números (verbigracia, mediante el presupuesto): (a) las razones de su necesidad de financiación; (b) sus expectativas de dónde y cómo obtenerla, y (c) sobre todo su capacidad de repago. Para ello, será importante –hasta donde sea posible– detallar cuáles serían las probables fuentes de tal financiación, así como incluir en el monto a financiar el costo estimado[1].

En el caso de las PyMEs existe una diversidad de programas de apoyo con diversas posibilidades de financiación de

---

1. Este cálculo genera un típico problema de realimentación: todo déficit a financiar provoca un costo financiero que aumenta dicho déficit así como el monto a financiar y así sucesivamente. Se resuelve con la técnica llamada *grossing up*.

la Secretaría de Empresas Pequeñas y Medianas (SEPYME). Las verdaderas necesidades financieras y sus reales (estimadas) posibilidades de repago no solo son requisitos para acceder a tales planes, sino ante todo son cuestiones clave para la propia PyME.

Cuando en la empresa existan diferentes unidades de negocios, áreas de mercados y/o grupos de productos (menos frecuentes en las PyMEs pero igualmente posibles) que requieran ser evaluadas en forma diferenciada en cuanto a su rentabilidad, el costo de la financiación (casi siempre global para toda la empresa) tenderá a constituir un problema. Para la PyME se aconseja la simplificación: distribuir ese costo en proporción al promedio de las cuentas a cobrar (deudas de los clientes), que suele ser el principal activo operativo asignable.

E – IMPUESTOS

Abordaremos de forma somera el tema impositivo, que es eminentemente técnico. Desde el punto de vista del presupuesto, consideraremos tres aspectos:

a) las cargas impositivas que deben incluirse en los costos;
b) el resultado fiscal del ejercicio, cuyas diferencias respecto del resultado económico, en virtud de las disposiciones legales, deben ser tenidas en cuenta por sus consecuencias para la distribución de ganancias;
c) en algunos casos, su uso para optimizar la carga impositiva[1].

En modo similar al caso anterior, distribuir el costo de ciertos impuestos indirectos –cuando en la empresa existan diferentes unidades de negocios, áreas de mercados y/o

---

1. Hace muchos años, uno de los trabajos de mayor precisión del autor estuvo relacionado con la aparición de la Ley de Fomento Hotelero, la cual desgravaba año por año toda ganancia que se invirtiera en la construcción de un nuevo hotel. Trabajando para la Standard Electric Argentina, cuya casa matriz era también dueña de la cadena Sheraton, debía proyectar con la máxima exactitud posible la ganancia imponible presupuestada, pues si en el año se invertía de más en la obra se incrementaba el costo financiero, y si se invertía de menos aumentaba innecesariamente el costo impositivo.

107

grupos de productos (menos frecuentes en las PyMEs, pero igualmente posibles) que requieran ser evaluados en forma diferenciada en cuanto a su rentabilidad– puede constituir un problema. También en este caso se aconsejará a la PyME la mayor simplificación posible: distribuir ese costo en proporción al promedio del rubro que más haya incidido en la determinación del impuesto en cuestión.

F – INFLACIÓN

Para los períodos de alto, generalizado y continuado deterioro del valor de la moneda local[1], cabe referir tres aspectos:

a) determinar en qué moneda expresar el presupuesto. Hay innumerables obras escritas en nuestro país sobre esta cuestión[2], en la que –lamentablemente– somos especialistas. Si, a pesar de su inestable valor, queremos usar la moneda local (como es lógico, y compatible con la de la contabilidad) tenemos básicamente dos posibilidades: el pasado o el futuro. En el primer caso se trata de "fijar" el valor vigente al momento de confeccionar el presupuesto; en el segundo, de estimar mes a mes el valor de las variables en base a la premisa inflacionaria establecida. En ambas opciones, luego habrá que ajustar los valores a la realidad[3];

---

1. Es importante recalcar las tres condiciones: nivel significativo continuado en el tiempo y abarcando la gran mayoría de bienes y servicios, ya que de otro modo estaríamos no ante un problema inflacionario sino de cambio de precios relativos.
2. Muchos colegas han opinado, sin embargo, que sin una unidad de medida válida tiene poco sentido presupuestar, y que ese es el motivo del poco arraigo que tiene entre nosotros la gestión presupuestaria.
3. Durante nueve años, en épocas de gran inflación e incertidumbre, el autor condujo con empresarios en el seno de IDEA (Instituto para el Desarrollo

b) determinar la ganancia o la pérdida previstas por la inflación. Cualquiera sea el método de ajuste, hay rubros pasibles de "seguir la inflación" (como los materiales aún sin usar o los bienes aún sin vender)[4] y otros que permanecen "fijos" frente al deterioro de la moneda (como las cuentas a cobrar y a pagar cuando no tienen cláusulas de ajuste). Según la cuantía de materiales y bienes, pueden originarse sustanciales pérdidas (o ganancias) por efecto de la inflación;

c) determinar si conviene expresar el presupuesto en alguna unidad de medida que no sea la moneda local. En empresas que cotizan en bolsas de valores internacionales, o que son subsidiarias de multinacionales, se impone por lo general expresar el presupuesto (y la conversión de las cifras de la contabilidad) en dólares o –menos frecuentemente– en la moneda de la casa matriz si es distinta del dólar. En nuestro país, en las peores épocas de inflación ha habido intentos de expresar la contabilidad y el presupuesto en bienes, sea el principal insumo (por ejemplo, en bolsas de cemento en la industria de la construcción) o el principal producto (por ejemplo, en botellas de vino en una bodega). Sin embargo, pese a que puntualmente se obtuvo información valiosa, en general estas iniciativas no tuvieron mucho arraigo, porque los cambios en los precios relativos suelen distorsionar los resultados, que ya no son solo los de la inflación[5].

Empresarial de la Argentina) el ciclo "Premisas para presupuestar el año próximo", en el que se debatían estas alternativas y sus consecuencias.

4. Durante 2012 ha habido conflictividad respecto de este tema: ¿hasta qué punto puede el comerciante proteger su patrimonio "a precios de reposición" o favorecer al cliente vendiendo inventario a un "precio anterior"?

5. Hace años una bodega mendocina quiso demostrar que los intereses que debían pagar al banco eran enormes y estaban condicionando el mal resultado de la empresa. Calculaban cuántas botellas de vino representaba lo que recibieron en préstamo y cuántas eran –al nuevo valor– las que debían

Obviamente, en lo contable hay que atenerse a las normas nacionales e internacionales (las NIIF) que regulan la expresión monetaria de bienes, transacciones y resultados, cuando la moneda no es estable. Por lo demás, en los consejos profesionales de Ciencias Económicas (por ejemplo el de Ciudad Autónoma de Buenos Aires) y en la Federación respectiva hay amplia documentación al respecto. Asimismo, para no contadores puede ser útil, pese a su antigüedad, el excelente trabajo de Pablo D. Matossian[6], que incluye un ejemplo de la consideración de la inflación en los presupuestos.

---

pagar al vencimiento. Resultaba una tasa de interés increíble. Olvidaban consignar que era la época de auge de la cerveza, y que el valor relativo del vino había caído fuertemente (o sea, se había rezagado en la carrera inflacionaria).

6. Véase *La gestión presupuestaria* (CIDIE, Buenos Aires, 1972), págs. 91-93.

G – FLUJOS Y STOCKS

Para dar credibilidad a la financiación, es esencial mostrar: (a) una solidez futura que surja de un estado de activos y pasivos (stocks) al término del nuevo ejercicio; (b) las transacciones (flujos) que lleven de la situación actual a ese estado futuro; (c) coherencia entre esos flujos y esos stocks.

El caso más destacado son las *cuentas a cobrar*: en ellas el saldo inicial, más las ventas (facturación), menos la cobranza (ingresos) debe ser igual al saldo final. Lo mismo pasa con las *cuentas a pagar*: el saldo inicial, más compras (ingresos al inventario), menos pagos (egresos) debe ser igual al saldo final. Y para el *inventario* (mercaderías y materiales en existencia), el saldo inicial, más las compras, menos el costo de mercaderías vendidas o de materiales (en actividades fabriles) debe ser igual al saldo final.

Cabe realizar tres observaciones:

a) todos esos números son estimaciones, no certezas; lo que nos dicen es que sucederán en la medida en que se cumplan las premisas y que si ello no ocurre nos mostrarán los desvíos para que podamos hacer las correcciones y aprender de lo que pasó;

b) a la incertidumbre del ejercicio siguiente se le agrega otra, que por no responder a premisas del presupuesto puede dar mayor dolor de cabeza: la actualización de las cifras previstas para lo que resta del período en curso, los dos o tres meses hasta el comienzo del ejercicio presupuestado, cuyos montos previstos hace un año pueden estar obsoletos;

c) las verificaciones señaladas incluyen rubros a los que se refiere el Anexo I-H.

La "prueba de fuego" la brindará el "presupuesto de caja" (en rigor, de "caja y bancos" o de "disponibilidades"). Con frecuencia, el tesorero lo elabora como "pronóstico de caja", aplicando su conocimiento (del presente y del pasado), sin advertir, por ejemplo, que las cobranzas que pronosticó, restándolas de los saldos iniciales y la facturación del período, arrojarán un saldo que no coincidirá con el saldo final de las cuentas a cobrar previsto en la parte patrimonial del presupuesto.

Igual cuidado habrá que tener con *compras, pagos y cuentas a pagar* iniciales y finales, así como con *compras, costo de mercaderías vendidas* e *inventario inicial y final* (en el caso de actividades comerciales), y rubros similares en actividades de manufactura. Verificar que no haya discordancias entre esos ítems puede revelar errores que sean significativos para la viabilidad financiera de la operación.

H – OTROS RUBROS OPERATIVOS

En último lugar, nos referimos a ciertos rubros operativos que aparecen en los estados financieros recién cuando incorporamos fenómenos importantes que muestra la contabilidad gerencial[1], los cuales son igualmente significativos en la gestión presupuestaria. Por ejemplo, el rubro "Cobranzas" del punto anterior del Anexo, que debe surgir coincidentemente de las ventas no pendientes de cobro como del presupuesto de caja y que, tal como se ha visto en el apartado precedente, es clave para relacionar flujos y stocks. Lo mismo sucede con el rubro "Compras" (en el sentido del ingreso de bienes comprados), también relevante para el cálculo antecedente.

De enorme importancia en aquellas empresas que fabrican a pedido (a veces, con gran anticipación a la fecha de entrega del bien producido, como los astilleros, plantas llave en mano o algunas obras de la industria de la construcción) son los rubros "entrada de órdenes" y "saldo de

---

1. El autor se dedicó muchos años en el inicio de su carrera a promover la llamada "Contabilidad Gerencial" o "Contabilidad para la toma de decisiones". Véase su obra precursora: Herrscher, Enrique G.: *Contabilidad Gerencial. La información empresaria para planeamiento, gestión y control* (Macchi, Buenos Aires, 1979) y su actualización *Contabilidad y Gestión. Un enfoque sistémico de la información para la acción* (Macchi, Buenos Aires, 2002).

órdenes" (*order input* y *order backlog*, respectivamente). Muchas veces depende de ellos, más que de las transacciones del momento, el futuro de ese tipo de empresas.

Cuando el proceso de construcción o creación es prolongado, puede ocurrir que una parte importante (o la totalidad) del nivel de actividad del año presupuestado dependa de las órdenes o pedidos recibidos el año anterior durante el cual se está confeccionando el presupuesto, o más precisamente del saldo no entregado de esas órdenes al final del período[2].

De igual modo, siempre suponiendo largos períodos de entrega, del saldo de órdenes al final del ciclo presupuestado dependerá gran parte (o todo) el volumen de actividad del año siguiente. En los casos mencionados, el tema "Órdenes pendientes" deberá merecer un comentario muy especial en el presupuesto, pues es factible que el futuro de la empresa dependa de ellas.

Otra cuenta que puede tener gran importancia es "Anticipos recibidos". Es posible que represente un gran alivio financiero para solventar la operación, pero también puede ser una trampa mortal, si se gasta esa plata para destinos diferentes de los vinculados al trabajo encomendado. Cuando haya que financiar estos, si los fondos se gastaron en otra cosa, habrá problemas.

Finalmente puede resultar interesante comparar la inversión en *bienes de uso* presupuestada con la cuenta *amortizaciones*. Pese a los distintos tiempos y lo relativo de los cálculos de depreciación, una gran diferencia puede estar indicando (por ejemplo, en rubros específicos como vehículos de transporte) una peligrosa descapitalización.

---

2. Recordar lo dicho acerca de la incertidumbre sobre lo que puede pasar en los últimos meses del año durante el cual se está confeccionando el presupuesto: hay que estar preparado para modificar todo "saldo inicial" si cambian las circunstancias.

OTROS PRESUPUESTOS

A pesar de que ciertos ejemplos de presupuestos escapan del tema general de este libro, tienen enorme importancia sobre todo los **presupuestos públicos y los presupuestos para los desarrollos regionales**, que merecerían individualmente su propia publicación, que no es esta. Sin embargo, queremos destacar, aunque sea como Anexo, las principales características que los distinguen del caso general descrito en este libro. Además, para completar la información, se consignan otros dos casos que son de menor envergadura, pero tienen vigencia en las áreas de Investigación y de Educación. Son ellos los **presupuestos de entidades civiles** y el caso del **presupuesto familiar**.

Esos primeros cuatro casos corresponden a ciertos **ámbitos** que requieren ser presupuestados. En cambio, hay otros cuatro que se refieren a características o **"tipos"** de presupuestos que, sea con valor permanente o más efímero, han aportado valores significativos al tema de nuestro libro. Sin que el orden signifique preeminencia, nos referimos al **presupuesto base cero**, "de moda" hace unos años, seguido por los casos de **presupuesto por programas**, **presupuesto flexible** y **presupuesto participativo**.

Los cuatro tienen en común cierto carácter "mixto": por un lado representan una determinada **"variedad" de presupuesto**, con identidad propia, con sus entusiastas defensores y ácidos detractores. Por el otro, independientemente de su identidad, cada uno brinda importantes **valores y énfasis** que enriquecen notablemente nuestro enfoque. O sea que, en su esencia, coinciden netamente con nuestra postura acerca de lo que un presupuesto debe ser, pues están justificados por las actividades previstas y vinculados con programas flexibles y participativos; no obstante, llevado cada uno de ellos a una identidad propia, se distinguen como variantes separadas y aparecen aquí como casos particulares mayormente aplicables en determinadas circunstancias.

A – PRESUPUESTO PÚBLICO

**Ante todo, hay una diferencia sustancial de propósito y es-
píritu entre el presupuesto público y el privado, que gira
alrededor de objetivos políticos y sociales que en aquel son
absolutamente centrales.** Pese a la gran importancia de este
caso, probablemente resulte un tratamiento acotado. Primero, porque no responde al objetivo específico de la obra.
Y segundo, porque el autor carece de experiencias persona-
les en el sector[1] y los lectores saben que siempre desarrolla
los temas ilustrando la teoría con vivencias propias.

Con el fin de simplificar, se pueden destacar tres aspectos en los presupuestos del sector, sea nacional, provincial
o municipal:

a) aquellos "genéricos" que coinciden (o deberían coincidir) con la gestión presupuestaria en el ámbito privado[2], que son los que enseñábamos en el INAP (véase
   nota 1), y que damos por explicados en el resto de
   estas páginas;

---

1. Sin embargo, aprendí mucho de mis alumnos en los años en que tuve a mi
   cargo la cátedra de Planeamiento (desde el punto de vista genérico) en el
   Instituto Nacional de Administración Pública (INAP).
2. Al decir "privado" incluimos al sector social o "tercer sector".

b) aquellos que son propios del derecho administrativo público y de las características de la política o de la gobernabilidad, que por su especificidad omitimos;

c) aquellos que representan diferencias concretas entre lo que pasa en un sector y otro; a este último aspecto nos referiremos en el presente apartado del Anexo.

La principal diferencia que queremos señalar es esta: si para el ámbito privado hemos enfatizado que el presupuesto *no* es una "decisión anticipada", sino a lo sumo un plan, una intención sujeta a que no cambien ni las circunstancias ni las conveniencias; en el ámbito público, por el contrario, *sí* es una "decisión anticipada". Si bien el Congreso (o la autoridad legislativa que corresponda a la jurisdicción en cuestión) y el Poder Ejecutivo (en la medida que tenga atribución para ello) pueden modificar partidas presupuestarias, ello tiene (o debería tener) carácter excepcional, pues se trataría del desvío de una asignación de fondos públicos, o sea, de la comunidad, a un destino diferente del que los representantes de esa comunidad votaron.

Esto muchas veces genera un dilema: ¿qué pasa si la partida solicitada (¡y acordada!) ya no tiene sentido? La renovación del aula ya no es urgente porque nos quedamos sin maestro; la ampliación de la usina eléctrica ya no hace falta porque la máquina que la requería trabajará con otra tecnología; el equipo quirúrgico pedido sobrará porque la sección cirugía pasará a otro hospital que ya lo tiene… Estos cambios, que en el ámbito privado serían obvios y fáciles de ejecutar, en el público serían engorrosos, y algunas veces imposibles.

La segunda diferencia importante se refiere a una curiosa circunstancia que se observa muchas veces: la disociación entre lo estratégico y lo operativo[3] en el sector público. Muchos

---

3. Hemos visto la clara distinción y al mismo tiempo la estrecha vinculación entre estas dos "lógicas".

países tienen un plan integral, multianual (trianual, quinquenal, etc.); en algunos casos de modo formal elaborado cuantitativamente, y en otros como simple modelo descriptivo y cualitativo. Sería lógico pensar que tal enfoque a largo plazo se tomaría en cuenta (como ocurre o debería ocurrir en el sector privado con el plan estratégico) a título de base o al menos de inspiración, al proponer el Poder Ejecutivo el Presupuesto Anual. Pero por lo que hemos observado, esto rara vez sucede. Pareciera que en la mente de los gobernantes ambos procesos, el modelo o plan multianual y el Presupuesto Anual, van por andariveles distintos; quizás –en el segundo caso– por los tiempos apremiantes del proceso de aprobación en las últimas semanas del ejercicio anterior; quizás por fuerzas políticas en pugna o por la imperiosa necesidad de contar con este documento esencial para seguir administrando. Estos temas prácticos contrastan –sobre todo por sus tiempos más prolongados– con los estudios de gabinete de expertos, a veces con contenidos académicos o, por lo contrario, ideológicos, de donde suele surgir el plan de largo plazo.

A pesar de esta disociación frecuente, no dejamos de enfatizar que así como en el sector privado un presupuesto que no esté inspirado e influido por un plan estratégico pierde gran parte de su sentido, así también en el sector público un presupuesto anual desprovisto de una base principista más allá del año, como la que Oscar Varsavsky llama "Proyecto Nacional[4], quedaría huérfano de orientación y consistencia de largo plazo. Al respecto, reiteramos lo dicho en el Anexo I-B: un presupuesto –público o privado– que no esté inspirado en una visión amplia, más allá del año, navega en el vacío, aun con toda la flexibilidad que requieren las circunstancias cambiantes.

Volviendo a las diferencias entre público y privado, asimismo es muy distinto el tema de negociación y consenso en

---

4. Véase *Proyectos Nacionales. Planteo y estudios de viabilidad* (Periferia, Buenos Aires, 1971).

cuanto a las metas a lograr, concretamente respecto de su *locus* (ámbito, lugar). Lo que en materia privada se desarrolla entre quienes aprueban finalmente el nivel de esas metas y quienes tienen a cargo la ejecución de las acciones en cuestión, en el sector público esto no ocurre: allí no hay "negociación" alguna con los "hacedores", sino como máximo entre las diversas fuerzas políticas representadas en los órganos decisorios correspondientes (Legislatura, Concejo Deliberante, etc.).

Finalmente, hay particularidades con respecto al ritmo de ejecución de las partidas presupuestarias. Es clásico en el sector público (en menor medida en el privado por ser más fácilmente controlable) el "apuro de diciembre" (o de final del ejercicio presupuestario): todos quieren gastar hasta el último centavo de la partida que quedó con saldo a utilizar, por miedo a que en el siguiente período se cancele, y esta circunstancia de "gastar solo porque está presupuestado" es en el sector público más grave y más difícil de erradicar. Peor aún es el caso de "acefalía presupuestaria", cuando por conflictos políticos el Poder Ejecutivo no logra la aprobación parlamentaria del proyecto de Presupuesto que envió al Poder Legislativo, y tampoco se llega a aprobar ninguno en su reemplazo (situación que estimamos inconcebible en el sector privado). En algunos casos se repite la vigencia del presupuesto anterior; en otros, ciertos (o todos) organismos de la jurisdicción en cuestión quedan sin poder gastar con el consiguiente descalabro de la gestión.

Por otra parte, corresponde destacar dos debilidades del sector de finanzas públicas: por un lado, la información presupuestaria no alcanza a cubrir todas las necesidades de la gestión del gasto en las jurisdicciones; por otro, aun la que hay no es completa a tal fin. Dice un maestrando en una tesis muy bien documentada[5]: "El único sistema de

---

5. Tesis para la Maestría en Gestión Empresaria de la Universidad Nacional de La Pampa presentada para su defensa y aprobación por el contador Mauro Pérez Vaquer con el título: "Planeamiento para el desarrollo e implemen-

información común a todas estas áreas (de la totalidad de la administración pública) es el presupuestario, y los datos ingresan al solo efecto de administrar sus propios créditos presupuestarios. No cuentan con acceso a reportes para toma de decisiones aunque, si lo tuvieran, el solo registro presupuestario –estrictamente monetario y con escasa apertura para entender de qué se trata el gasto– no sería suficiente para satisfacer los requerimientos de información y gestión locales".

La misma tesis señala la importancia de la información presupuestaria sobre bienes patrimoniales en el sector público (y también en el privado, agregamos nosotros). Dice Pérez Vaquer: "…el objeto de información deberá contener el tipo de datos necesarios para gestionar ágilmente transferencias, seguros, mantenimientos, reparaciones, consumos, agentes o funcionarios responsables de su cuidado, control de la ubicación física, etc. (…) evitando, por ejemplo, comprar bienes estando ociosos otros activos del mismo tipo pero en otro lugar físico; optimizar las erogaciones que originan; imputar responsabilidades; tomar decisiones sobre conveniencia de si comprar o alquilar, entre otros"[6].

Dejamos para lo último un aspecto que hubiéramos preferido no tener que abordar. Se trata del factor corrupción, sin duda presente en el sector privado, pero que suele ser mucho más virulento en el ámbito público. En materia de presupuesto, la cuestión es evitar que al presupuestar se introduzcan partidas o mecanismos que dejen abiertas las puertas para negocios sucios, del tipo "aprobame vos el puente sobre el río que no existe, mientras yo te apruebo el desvío del río".

---

tación de un sistema de información para mejorar el control y optimizar la gestión en la Administración Pública de la Provincia de La Pampa", pág. 86.

6. *Op. cit.*, pág. 136.

B – PRESUPUESTO REGIONAL

Dice Francisco J. Aceves en el mejor libro sobre un proyecto regional que conozco: "Todo se inicia con la chispa de una idea. Luego esa idea se afina o formaliza con un plan. Posteriormente ese plan se concretiza mediante la acción, ajustándose a las circunstancias contextuales. Finalmente la acción ejecutada se puede plasmar en un escrito o en una obra concreta que pueda ser leída o aprovechada por alguien, para que pueda ser evaluada y sometida a la prueba del tiempo y, posiblemente, pasar a la posteridad"[1].

Aunque figure en el Anexo, este tema[2] constituye, en nuestra opinión, uno de los aspectos más relevantes en materia de planeamiento. Se trata nada menos que de propuestas

---

1. Véase *Chiapas. Tecnologías ambientales socialmente apropiadas* (Instituto Politécnico Nacional, México, 2000), párrafo inicial del Prefacio.
2. Entendemos que el tema abarca por igual planes, programas, proyectos o presupuestos orientados al desarrollo regional en cualquiera de sus formas. Destacamos su gran importancia y urgencia en Latinoamérica, especialmente en las áreas más distantes de los grandes centros urbanos, donde muchas veces no se trata solo de una cuestión económica sino de la supervivencia de una región o localidad (aunque también se destacan estudios referidos a dichos centros urbanos). Al igual que los planes de negocio del ámbito privado, estos planes de desarrollo son (deben ser) integrales, comprendiendo tanto lo estratégico como lo operativo. Elegimos como parte del título del Anexo el "Presupuesto" en consonancia con la línea argumental de la obra.

125

o proyectos de *desarrollo regional* que no pertenecen propiamente al ámbito privado ni público sino que pueden abarcar (pensamos especialmente en la participación de la población afectada) ambos y sobre todo al tercer sector o sector social[3]. Tal convergencia les otorga una singular importancia social y política[4]. Esta trascendencia se verifica principalmente en la formación universitaria: la investigación en esta cuestión debería ser central (y en gran medida ya lo es) en los programas de Maestría en Gestión Empresaria, al menos en las universidades nacionales del país, ya que la asignatura Planeamiento no tendría que permanecer confinada –más allá de su importancia económica– al propósito de lucro propio del sector privado. Ello se justifica aún más por la relevancia de la participación tanto individual como de las organizaciones y asociaciones de dicho sector social en virtud de la mencionada convergencia.

Hay dos enfoques principales en esta cuestión: (a) enfocar localmente un determinado sector productivo o de servicios en particular; o (b) centrarse en una zona o localidad determinada, abarcando la totalidad de las actividades existentes o posibles[5]. En ambos ejemplos, lo más destacable en relación con lo expuesto en el presente libro es que en ningún otro aspecto de los tratados es tan importante el enfoque sistémico (véase Capítulo 11). La razón es sencilla: el desarrollo regional mismo es un asunto absolutamente sistémico[6].

---

3. Este tema está íntimamente ligado al de los presupuestos por programas y los presupuestos participativos (Anexo II-F y H, respectivamente).
4. Hay innumerables organizaciones del sector social, dependientes o no de una universidad, dedicadas en forma altruista y entusiasta a estos estudios. Mencionamos, como uno de los ejemplos más valiosos, el Instituto de Responsabilidad Social Sustentable, GETACE, en el ámbito de la Universidad Nacional de la Patagonia, San Juan Bosco, dirigido por la investigadora Patricia Kent.
5. El trabajo de Aceves es un clásico ejemplo de esta última alternativa.
6. Para un enfoque más general y profundo, véase Benello, C. George; Swann, Robert; Turnbull, Shann: *Building Sustainable Communities. Tools and Concepts for Self-Reliant Economic Change* (The Bootstrap Press, New York, 1989), que

Tanto es así que en la mayoría de los cursos introductorios y avanzados de teoría o práctica sistémicas, el ejemplo típico suele ser algún caso de este aspecto. Sucede que, por más que el desarrollo de una región sea el anhelo de los integrantes de una comunidad, no todos los sectores o subsectores tienen los mismos intereses y objetivos. Un tema clásico es la zona que desea promover tanto la actividad industrial como el turismo, cuando este se basa en un ambiente bucólico, en plena naturaleza, sin chimeneas.

A veces, esta contradicción surge en proyectos geopolíticos o acuerdos transnacionales. Cuando hace unos años Austria quiso entrar en la Unión Europea, le pusieron como condición que facilitara la comunicación norte-sur, obstaculizada por una cadena montañosa. La solución era que un ferrocarril atravesara esos valles de montaña, cuyo gran atractivo turístico era su tranquilidad y falta de ruido. Mientras el dilema se planteara desde una sola de las dimensiones en pugna, la ambiental, o la económica, resultaba imposible resolverlo. Recién se lo logró mediante un enfoque multidimensional sistémico: tramos subterráneos, muy costosos, pero solamente en unos pocos lugares críticos para el turismo[7].

Finalmente, un panorama respecto de la estructura que algunos de estos estudios pueden tener. Tomamos como modelo la obra de Francisco Aceves, que se inicia con los objetivos, premisas e hipótesis de la investigación. Luego aborda la problemática desde dos ángulos: "pensar globalmente" y "actuar localmente". Y concluye con un "Anexo

---

relaciona el desarrollo sustentable de las comunidades con temas como la propiedad de la tierra y los recursos naturales, la autoorganización comunitaria, el accionariado obrero y la banca comunitaria.

7. Cuando hace unos años uno de los mayores expertos en sistemas y cibernética, el profesor Markus Schwaninger, de la Universidad de St. Gallen, dictó una serie de seminarios en varias sedes de la Universidad Nacional de la Patagonia, San Juan Bosco, usó como ejemplo este caso en el que había intervenido.

Técnico" (un tercio del libro) que detalla las mejoras concretas propuestas, desde sistemas de captación de agua pluvial hasta fogones mejorados, pasando por la construcción de letrinas más higiénicas. Pequeños pasos con modestos recursos para grandes efectos sociales, compatibles con las iniciativas mucho más ambiciosas, pero más difíciles de implementar, a las que nos referimos antes.

C – PRESUPUESTO DE UNA ENTIDAD CIVIL

El hecho de que una organización no tenga fines de lucro, y tampoco pertenezca a la órbita pública ni de desarrollo regional, no debería ser obstáculo para que funcione con un presupuesto de las características expuestas hasta aquí. Es más: estas entidades en general existen gracias al aporte de donantes, a subsidios estatales, a fondos propios de los fundadores o a la combinación de estas fuentes. Por ello, resulta relevante una adecuada rendición de cuentas, para la cual nada mejor que disponer de un presupuesto aprobado por los benefactores como referencia.

Consideramos que no hay mayormente diferencias respecto de lo postulado para emprendimientos y empresas de todo tipo y tamaño, salvo que los "factores de éxito" serán en este caso mucho más específicos y orientados al objeto social; nunca mejor empleado el término.

D – PRESUPUESTO FAMILIAR

El motivo de incluir un asunto tan personal es que constituye una perfecta oportunidad para realizar el "primer ejercicio" en un curso de grado sobre Planeamiento. En efecto, nada mejor que esta acción sencilla, que puede tener sus complejidades, limitaciones y conflictos, para enseñar a los alumnos universitarios la previsión ante posibles momentos de escasez y la confrontación de posibles posturas distintas aun dentro de la propia familia. También sirve para desarrollar, aunque sea a muy pequeña escala, el espíritu de anticipación frente a las condiciones inciertas. Pese a la incertidumbre que existe en lo relacionado con el futuro conviene que ese sentido de anticipación esté presente en las actividades humanas.

Como decía el profesor Markus Schwaninger: "Más importante que hacer rápido, es hacer antes". Parecido resultado, aunque en escala todavía más reducida, se podría lograr utilizando como ejercicio el presupuesto para una mudanza, las vacaciones, una fiesta, un casamiento o un simple picnic del Día de la Primavera. Implicará mostrar de un modo atractivo y para actividades que todos conocen las ventajas de "organizar las cosas con anticipación".

E - PRESUPUESTO BASE CERO

En nuestra modesta opinión –al contrario de los fervientes partidarios pero asimismo de los fervientes opositores– el *presupuesto base cero* o PBC no implica un solo aspecto sino dos: por un lado es una técnica y por el otro un criterio. Como **técnica** es "un proceso de planeamiento y presupuesto que requiere la total y detallada justificación de las erogaciones a partir de su origen"[1]. En otras palabras, todo costo y todo gasto deben considerarse como parte de un "paquete de decisión" sujeto a una férrea verificación de que la relación costo-beneficio sea positiva. Como **criterio**, lo describe la segunda parte de la definición: "y no como incrementos de presupuestos anteriores"[2]. O sea, una reacción contra la repetición por inercia (o por intereses creados) de las cifras que se venían presupuestando y contra el llamado "presupuesto incremental", con base sobre todo en el pasado antes que en lo que realmente hace falta. Pues bien, somos muy críticos de la primera y apasionados partidarios de lo segundo. Aunque breve, le damos espacio porque consideramos que tanto la crítica como la adhesión son extremadamente importantes para el objetivo del libro.

---

1. Parro, Nereo Roberto: *Presupuesto base cero* (Macchi Buenos Aires, 1981), pág. 16.
2. *Idem.*

La **técnica** del PBC surgió como una saludable reacción contra la burocrática rutina de repetir año tras año las mismas previsiones presupuestarias, sobre todo en los presupuestos públicos[3]. Hay innumerables historias sobre absurdas reiteraciones de gastos inútiles que se suelen contar en los seminarios de ejecutivos en todo el mundo[4]. El problema es que armar los consabidos "paquetes de decisión" no solo es una tarea muy ardua, sino que muchos vínculos entre ingresos y egresos son artificiales y por ende arbitrarios[5]. Por lo tanto, una práctica que cada cinco o seis años tendría mucho sentido realizar, el hecho de introducirla en el proceso anual como pretendían sus defensores a ultranza cuando estaba de moda es a nuestro juicio un absurdo total: significaría reemplazar una peligrosa rutina por otra igualmente peligrosa.

En cambio, no nos cansaremos de promover el **criterio**, la idea "base cero", en el sentido de no incluir gastos en el nuevo presupuesto "únicamente porque estaban en el anterior". Es cierto que quien presupuesta quiere poder referirse a "lo que está pasando", tanto lo real histórico como lo previsto "la última vez" (pues de otro modo estaría trabajando en el vacío), pero una cosa es usarlo como **referencia**, y otra es "copiarlo" automáticamente. En consecuencia, es

---

3. Se dice que nació en los años 70, implementado por vez primera en la empresa Texas Instruments, y que pronto fue "oficializado" para las cuentas públicas del Estado de Georgia cuando Jimmy Carter, siendo gobernador, lo adoptó en su lucha contra la burocracia provincial. Carter llegaría a la Presidencia de los Estados Unidos en 1977.

4. La que más recordamos es una que contaba el apreciado Dr. Guillermo Singer Jonker sobre su Viena natal. Detrás del Palacio Imperial siempre había una dotación de soldados, pese a que allí no existían ni puertas ni ventanas. Cuando alguien investigó el porqué, descubrió que hace añares (y muchos emperadores atrás) había allí un seto de flores. Cierta vez las pisaron, y el emperador de turno mandó que hubiera una guardia. Hace siglos que esa vereda está empedrada.

5. Por ejemplo, el sueldo del abogado de la empresa, quien la defenderá en cualquiera de sus negocios: ¿a cuál de ellos se lo imputará?

de gran importancia incorporar la pregunta clave de este criterio: **"si esta noche desapareciera la empresa y mañana la fundáramos de nuevo, ¿incluiríamos este rubro?"**.

Dicho esto, reaparece una advertencia mencionada en el Capítulo 5: el poder de anticipación, que ayuda a saber que ante determinadas premisas un gasto ya no será necesario, además ayudará a saber **qué haremos con el recurso que quedará liberado**. Es parte esencial de la responsabilidad social de la empresa, grande o pequeña, que –sin crear feudos improductivos– sea capaz de encontrar ocupación útil a gente eficaz cuya tarea desaparece. Esta política no es gratuita, pero tiene un invalorable retorno[6], que puede ser "de larga vida"[7].

---

6. En realidad, dos retornos: la identificación del personal con los objetivos de la organización y su participación en procesos de innovación cuando sabe que no ponen en peligro los puestos de trabajo.

7. La compañía Standard Electric Argentina SAIC. pasó por varias crisis que obligaron a reducciones de personal. Sin embargo, antes de despedir a cada empleado se agotaban todas las instancias de reubicación y además se cuidaba en lo posible el impacto familiar (pues era habitual que trabajaran varios integrantes de la misma familia). Esto generó un *afectio societatis* que continúa: cada mes se reúnen a almorzar desde un miembro del Directorio hasta algún empleado de mínima jerarquía, a pesar de que la empresa ha dejado de existir hace más de veinte años.

F – EL PRESUPUESTO POR PROGRAMAS

Igual que en el ejemplo anterior, nos encontramos con dos aspectos vinculados pero diferenciados: con un **principio** por el cual no debemos planificar gastos sino actividades, proyectos, logros a alcanzar… programas; y con una **técnica** consistente en aplicar este principio a la estructura formal del presupuesto. Como principio, es (o debería ser) válido para cualquier ejercicio presupuestario. Como técnica, se lo usa mayormente en el ámbito público (que es donde nació) y en donde representa un cambio revolucionario en materia de formulación de la estructura de esta herramienta.

En efecto, los presupuestos públicos de índole nacional, provincial o municipal, y sobre todo los de organismos descentralizados o empresas públicas, estuvieron durante muchos años orientados a determinar, valorizar y controlar el gasto en función de "lo aprobado". En este sentido, tal práctica se remonta a la fabricación de armamentos durante la Primera Guerra Mundial. En esas circunstancias una gran parte de la industria no surtía un mercado competitivo y debía hacer volumen a cualquier costo. Terminada la guerra, hubo que volver a la economía competitiva: ya no "a cualquier costo" sino enfocando los negocios que pudieran competir. Así, nace en los '50 el PPBS, el *Planning - Programming - Budgeting*

System (Sistema de Planeamiento - Programación - Presupuestación) con el cual el presupuesto queda definitivamente vinculado con las líneas estratégicas del planeamiento y los programas que de ellas derivan.

Dado que aquí solamente nos ocupamos del presupuesto público en forma tangencial, nos interesa destacar el notable enriquecimiento que significó, también para el sector privado el cambio de foco: de "lo que se va a gastar" a "lo que se va a hacer"[1], sin descuidar "a qué costo".

Por otra parte, en muchas ocasiones la metodología del *presupuesto por programas* permite o facilita la incorporación de un contenido de alto voltaje político. El precursor de este fenómeno en nuestro continente fue Carlos Matus[2], ministro y asesor del expresidente de Chile, Salvador Allende. De esta manera, puede apreciarse el vínculo con lo dicho en el Anexo II-A sobre Planes Nacionales[3]. De acuerdo con nuestra visión de lo estratégico y lo operativo, estos planes serían la base estratégica de largo plazo, y el presupuesto por programas su correlato operativo para su implementación en determinado período.

---

1. La cuestión no son las palabras: el énfasis está dado en la acción más que en el sentido contable del gasto.
2. Véase *Planificación y gobierno* (1987), así como su restante producción, suma de método y doctrina, casi totalmente disponible en Internet, de significativo impacto en la lucha contra la pobreza en Latinoamérica.
3. Véase en especial la nota 4 en dicho punto del Anexo, haciendo referencia a la obra de Oscar Varsavsky.

G – PRESUPUESTO FLEXIBLE

En épocas de gran variación e incertidumbre en premisas clave como pueden ser el tipo de cambio, la inflación o el volumen, hay empresas que "flexibilizan" su presupuesto en función de las modificaciones en una de esas premisas, volviendo a calcular automáticamente insumos, productos y ventas con el nuevo valor de la variable en cuestión. Si bien existe la ventaja de su fácil aplicación, no aconsejamos esta práctica por lo mecánico del procedimiento. Ya que se "actualiza" el presupuesto, más vale fijarse también en otras variables importantes que pueden haber cambiado, no solo en la de la premisa principal. Sin embargo, en algunas situaciones económicas de extrema volatilidad, este método puede resultar aconsejable, en especial si se lo utiliza como plataforma inicial para revisar qué "otras cosas" han cambiado.

Quede claro que aquella "flexibilización mecánica" no es lo mismo que el "criterio flexible" (opuesto a la rigidez de muchos presupuestos de antaño) que se destaca en todo el libro. Como hemos señalado en el Capítulo 5, y a diferencia de la estrictez que rige forzosamente en el ámbito público, en el sector privado nada debe cumplirse "a rajatabla". Siempre debe haber un ojo crítico que observe si las condiciones tenidas en cuenta no han variado, si lo que considerábamos conveniente en meses anteriores ya no lo es, y si estamos haciendo algo "únicamente porque el presupuesto lo dice".

H – PRESUPUESTO PARTICIPATIVO

Distinguiremos "en general" y "en particular" (o "propiamente dicho"). En general, todo presupuesto –tal como se propuso aquí– debe ser participativo, en el sentido de promover la participación, en la determinación de metas y niveles de eficiencia, de aquellos que tienen que cumplirlo. Si vamos al fondo de la cuestión, fácil es advertir que tal participación tiene sus problemas, porque no se trata tampoco de eliminar la jerarquía. Lo señala claramente Russell L. Ackoff en el capítulo "Un diseño para la participación"[1], clave para este tema, en donde sostiene: "La incompatibilidad entre la jerarquía y la democracia solo existe en la mente, no en la naturaleza de las cosas. Una vez que uno deja de suponer que la autoridad debe fluir solo en una dirección, ya es posible diseñar una organización completamente democrática en la cual queda preservada la jerarquía".

Por otra parte, el *presupuesto participativo* propiamente dicho es una variedad muy bienvenida del presupuesto municipal, siendo ese el único ámbito suficientemente acotado para permitir la efectiva participación ciudadana (nunca mejor empleado el término) en la determinación

---

1. En *Planificación de la empresa del futuro* (*op. cit.*), pág. 201.

de las prioridades. En ese sentido, esta clase de presupuesto tiene, afortunadamente, una riquísima historia. Sin remitirnos al Ágora de la antigüedad griega[2] ni a las tradiciones comunitarias de los cantones suizos[3], cabe mencionar que es en Latinoamérica donde en el último tiempo han surgido experiencias socialmente valiosas. Sin ir más lejos, en la Argentina hay más de cuarenta experiencias, mayormente en ciudades de tamaño mediano, de presupuestos municipales participativos, nucleados en la Red Argentina de Presupuestos Participativos (RAPP).

Entre las diversas experiencias, cabe destacar las de Porto Alegre, en Brasil, desde 1989, así como las de Puerto Montt en el sur de Chile. En el otro extremo, al norte de ese país, en La Serena, se realizó recientemente un seminario sobre el tema, sin duda con aportes de interés[4]. Todas estas iniciativas señalan no solo una más racional y justa asignación de fondos municipales, sino también un aprendizaje sociopolítico de alta incidencia en la sociedad[5].

---

2. Sin embargo, Aleco Christakis y Ken Bausch han revitalizado esta antigua tradición. Véase, por ejemplo, Christakis, Alexander N.: *How People Harness Their Collective Wisdom and Power to Construct the Future in Co-Laboratories of Democracy*, así como las publicaciones del *Institute for 21st Century Agoras*.

3. El profesor Markus Schwaninger de la Universidad St. Gallen, en ocasión de nuestras clases allí, nos comentó que en el cantón de Appenzell todavía subsiste la tradición de debatir los planes para la región en la plaza pública.

4. Fue organizado por la Universidad Los Lagos, inspirado en las investigaciones del Dr. Egon Montesinos.

5. Véase Goldfrank, Benjamin: "Los procesos de 'presupuesto participativo' en América Latina: éxito, fracaso y cambio" en: *Revista de Ciencia Política*, Chile, 26 de febrero de 2006.

ÍNDICE DE GRÁFICOS

BIBLIOGRAFÍA

AA.VV.: *Visão Sistêmica e Administração*. Saraiva, São Paulo, 2006.

Aceves, Francisco J.: *Chiapas. Tecnologías ambientales socialmente apropiadas*. Instituto Politécnico Nacional, México, 2000.

Ackoff, Russell L.: *Planificación de la empresa del futuro*. Limusa, México, 1983.

_____: *Recreación de las corporaciones*. Oxford, México, 2000.

_____: *Creating the Corporate Future*. John Wiley & Sons, New York, 1981.

Ackoff, Russell L.; Allison, Herbert J.; Bibb, Sally: *Management f-Laws. How organizations really work*. Triarchy Press, Axminster, 2007.

Barrera, R. M.; Herrscher E. G.; Frías, R. A.: "Permiso, soy una propiedad emergente". Trabajo presentado en el V Congreso Bienal Internacional Complejidad 2010, La Habana, Cuba.

Bausch, Ken; Christakis, Aleco: *How People Harness Their Collective Wisdom and Power to Construct the Future in Co-Laboratories of Democracy*. Information Age Publishing Inc, USA, 2006.

Benello, C. George: *Building Sustainable Communities. Tools and Concepts for Self-Reliant Economic Change*. The Bootstrap Press, New York, 1989.

Bertagnini, Armando: *Las diagonales del cambio empresario. De la ruptura económica a la competitividad sustentable*. Macchi, Buenos Aires, 1995.

Bogsnes, Bjarte: *Implementing Beyond Budgeting: Unlocking the Performance Potential*. JohnWiley & Sons, New Jersey, 2009.

Casal, Armando M.: "Fraude en la auditoría financiera. Responsabilidades del auditor". Revista *Profesional & Empresaria D&G*, Ed. Errepar, N° 154 Tomo XIII, de julio de 2012, pág. 733-758.

Cleri, Carlos: *El libro de las PyMEs*. Ediciones Granica, Buenos Aires, 2007.

Covey, Stephen R.: *Los 7 hábitos de la gente altamente efectiva*. Paidós Ibérica, Barcelona, 1997.

Dalmasso, Eduardo: "Estrategia y estrategas, ¿de qué se trata y de qué se ocupan?". En *Management Herald*, enero/febrero 2012.

Drucker, Peter F.: *Innovation and Entrepreneurship*. Harper & Row, New York, 1985.

Etkin, Jorge: *Viabilidad de las organizaciones*. Macchi, Buenos Aires, 1984.

_____: *La doble moral de las organizaciones: los sistemas perversos y la corrupción institucionalizada*. McGraw-Hill, Madrid, 1993.

Ferrari, María Cristina. *Gestión de Calidad en Organizaciones de Salud*, EDICON, Buenos Aires, 2012.

Formento, Héctor; Braidot, Néstor; Pittaluga, Jorge: *El proceso de mejora continua en PyMEs argentinas*. Instituto de Industria, Universidad Nacional de General Sarmiento, Prov. de Buenos Aires, 2007.

Frame, J. Davidson: *La nueva dirección de proyectos*. Granica, Buenos Aires, 2005.

François, Carlos: *Diccionario de teoría general de sistemas y cibernética*. GESI, Buenos Aires, 1992.

_____: *International Enciclopedia of Systems and Cybernetics*. Saur, Munich, 2004.

Fucaracce, Jorge Raúl: *Conociendo a las PyMEs*. La Colmena, Buenos Aires, 2003.

García, Salvador; Dolan, Simón: *La Dirección por valores*. McGraw-Hill, Madrid, 1997.

Ghiglione, Luis M.; Di Lorenzo, Raúl; Mayansky, Félix: *Planeamiento y control de gestión*. Macchi, Buenos Aires, 2004.

Giménez, Carlos; Ricardo Miyaji y Domingo Macrini: "Hablemos de un presupuesto tradicional económico-financiero para la gestión empresaria". Revista *Profesional & Empresaria D&G*, Ed. Errepar, Tomo XIII, septiembre 2012, págs. 951-987.

Goh, Jie; Lucas, Henry: "Disruptive Technologies: How Kodak missed the digital photography revolution". *Journal of Strategic Information Systems*, Vol. 18, 2009.

Goldfrank, Benjamín: "Los procesos de 'presupuesto participativo' en América Latina: éxito, fracaso y cambio". *Revista de Ciencia Política*, Chile, febrero 2006.

Goldratt, Eliyahu M.: *The Goal. A process of ongoing improvement*. The North River Press, Great Barrington, 1992. Hay versión en castellano (así como de siete de sus restantes libros) de Ediciones Granica (*La meta*, Buenos Aires, 2008).

Gore, Ernesto; Dunlap, Diane: *Aprendizaje y organización. Una lectura educativa de las teorías de la organización*. Granica, Buenos Aires, 2006.

Haines, Stephen; McKinlay, James: *Reinventing Strategic Planning. The Systems Thinking Approach*. Systems Thinking Press, San Diego, 2009.

Hermida, Jorge; Serra, Roberto; Kastika, Eduardo: *Administración & Estrategia.* Macchi, Buenos Aires, 1992.

Herrscher, Enrique G.: *Planeamiento sistémico. Un enfoque estratégico en la turbulencia.* Ediciones Granica, Buenos Aires, 2008.

_____: *Pensamiento sistémico. Caminar el cambio o cambiar el camino.* Ediciones Granica, Buenos Aires, 2008.

Kent, Patricia: *La gestión ambiental en la empresa. Un nuevo concepto de gerenciamiento.* Buyatti, Buenos Aires, 1999.

Kliksberg, Bernardo; Sen, Amartya: *Primero la gente. Una mirada desde la ética del desarrollo a los principales problemas del mundo globalizado.* Temas, Buenos Aires, 2011.

Latouche, Serge: La *apuesta por el decrecimiento: ¿cómo salir del imaginario dominante?* Icaria, Barcelona, 2009.

Lavolpe, Antonio; Carmelo Capasso y Alejandro Smolje: *La gestión presupuestaria.* Macchi, Buenos Aires, 2000.

Levy, Alberto R.: *Cambio. Estrategias para crear valor económico.* Tesis, Buenos Aires, 1988.

Maruyama, Magoroh: *Mindscapes in Management. Use of Individual Differences in Multicultural Management.* Dartmouth, Aldershot, 1994

Matossian, Pablo D.: *La gestión presupuestaria.* CIDIE, Buenos Aires, 1972.

Matus, Carlos: *Adiós Señor Presidente.* Editorial Pomaire, Caracas, 1987.

Meadows, D.H.; Randers, J.: *The Limits of Growth.* Universe Books, New York, 1972.

_____: *Los límites del crecimiento. Informe al Club de Roma sobre el predicamento de la Humanidad.* Fondo de Cultura Económica, México, 1972.

Montesinos, Egon: *Investigaciones sobre presupuesto participativo.* Universidad de los Lagos, Chile.

Mocciaro, Osvaldo: *Presupuesto integrado.* Macchi, Buenos Aires, 1992.

Monti, Roberto: *Management in times of continuous change.* Fundación YPF, Buenos Aires, 1998.

Morin, Edgar: *Introducción al pensamiento complejo.* Gedisa, Barcelona, 2005.

_____: *Mi camino.* Gedisa, Barcelona, 2008.

Moss Kanter, Rosabeth: *On the Frontiers of Management.* Harvard, Boston, 1997.

Mulej, Matjaz: "ISO 26000 on social responsibility supports solving the global socio-economic crisis". Trabajo para la International Academy for Systems and Cybernetic Sciences, 2011.

_____: I Conversación del Extremo Sur, 2012.

Oltmans, William L. (editor): *Growth Two. The crisis of exploding population and resource depletion. The debate of the century, anti-growth versus pro-growth.* Putnam, New York, 1975.

Oshry, Barry: *Seeing Systems. Unlocking the Mysteries of Organizational Life.* Berrett- Koehlerm, San Francisco, 1996.

Parro, Nereo Roberto: *Presupuesto base cero.* Macchi, Buenos Aires, 1981.

Pérez Vaquer, Mauro: "Planeamiento para el desarrollo e implementación de un sistema de información para mejorar el control y optimizar la gestión en la Administración Pública de la Provincia de LaPampa". Universidad Nacional de La Pampa, Facultad de Ciencias Económicas y Jurídicas, Tesis aprobada en 2012.

Prigogine, Ilya; Stengers, Isabelle: *Order out of Chaos. Man's new dialogue with nature.* Bantam, New York, 1984.

Riccardi, Riccardo. *Inteligencia competitiva en los negocios y en las organizaciones.* Macchi, Buenos Aires, 2003.

Robertson, D. C.; Weill, P.; Ross, J. W.: *Enterprise as a Strategy. Enterprise Architecture as Strategy, Creating a foundation for business execution.* Harvard Business School Press, Boston, 2006.

Roces, José Luis: *El líder vital.* Temas, Buenos Aires, 2005.

Rodríguez, Leonel Cézar: *Inteligencia competitiva en los negocios y en las organizaciones.* Macchi, Buenos Aires, 2003.

Senge, Peter M.: *The Fifth Discipline. The Art & Practice of the Learning Organization.* Random House, London, 1997. (Hay versión en castellano: *La quinta disciplina*, Granica, Buenos Aires, 2012).

Swann, Robert; Turnbull, Shann: *Building Sustainable Communities. Tools and Concepts for Self-Reliant Economic Change.* The Bootstrap Press, New York, 1989.

Varsavsky, Oscar: *Proyectos Nacionales. Planteo y estudios de viabilidad.* Periferia, Buenos Aires, 1971.

Wilensky, Alberto L.: *Cambio. Estrategias para crear valor económico.* Tesis, Buenos Aires, 1988.

ACERCA DEL AUTOR

Enrique G. Herrscher (doctor en Administración, licenciado en Administración y Contador Público) es titular de CAPSIST, Centro para la Acción y el Pensamiento Sistémicos (www.capsist.com), entidad de consultoría e investigación.

Laboralmente, ha sido director de Administración de varias empresas medianas, director financiero y director de Planeamiento de Standard Electric Argentina SAIC y consultor de empresas y de otras consultoras. En el campo académico, es profesor honorario *ad vitam* de la Universidad de Buenos Aires, fue y es docente de diversas universidades públicas y privadas de la Argentina, fue Fulbright Professor in Residence en la California State University Sacramento (CSUS), profesor visitante en la University of San Diego (USD), y dictó cursos en la University St. Gallen (Suiza) en 2007 y 2008. Fue decano (1994-2001) de la Escuela Superior de Administración de IDEA (Instituto para el Desarrollo Empresarial de la Argentina) y durante diez años presidente de la Comisión de Planeamiento y Control de Gestión del Consejo Profesional de Ciencias Económicas de la Ciudad Autónoma de Buenos Aires. Fue y es conferencista invitado en múltiples instituciones del país y del extranjero. En la comunidad científica, fue vicepresidente de ALAS (Asociación Latinoamericana de Sistémica), es miembro del Consejo Consultivo del GESI (Grupo de Estudio de Sistemas Integrados), y miembro del Board of Trustees de la International Society for the Systems Sciences (ISSS), entidad decana del pensamiento sistémico en el mundo, de la que fue presidente por el período 2004-2005. Es académico de la International Academy for Systems and Cybernetic Sciences, creada en China en 2010.

Es autor de numerosos artículos y diez libros, la mayoría sobre aplicaciones del enfoque sistémico a las organizaciones.

www.ingramcontent.com/pod-product-compliance
Lightning Source LLC
Chambersburg PA
CBHW060038210326
41520CB00009B/1183